JN291866

河合隼雄のスクールカウンセリング講演録

学校臨床心理士ワーキンググループ
村山正治・滝口俊子
編

創元社

はじめに

学校臨床心理士ワーキンググループ代表　村山正治

河合隼雄先生は、中央教育審議会委員、「21世紀日本の構想」懇談会座長、文化庁長官など、日本の国家レベルでの教育、文化政策立案の中枢に関わってこられた。先生ほど、カウンセリングや教育に、国家政策レベルで多大な影響を与えた心理学者はほかにいない。自然科学、社会科学、人文科学など幅広い分野の専門家との対談や、書籍やテレビなどで、国民にカウンセリングや臨床心理学を社会的に認知させた功績は計り知れないものがある。先生はまさに、文化力で時代を動かした希代のネットワーカーであった。

平成六（一九九四）年、私は、当時日本心理臨床学会理事長であった故・村瀬孝雄先生からスクールカウンセラー事業を促進する学会側責任者に指名された。この事業の歴史的意義から、日本心理臨床学会、日本臨床心理士資格認定協会、日本臨床心理士会の三団体の結集が必要であるとの考えから、「三団体合同専門委員会」（学校臨床心理士ワーキンググループ）が立ち上げられた。河合先生は学会理事長になられると、私が「委員会」よりも、人事など変化に柔軟かつ迅速に対応できる組織として「ワーキンググループ（以下、WGと表記）の創設」について先生に語ったとき、「それはいい」と即座に了解されたのである。

その後も先生は、WGの役割、仕事を、深く理解し、支援と協力を終生、惜しまれなかった。仕事の分担をめぐって、委員会内で対立が起こったときも、先生は、私の立場をよく理解してくださり、「それは村山さんの仕事だ」ときっぱりと発言して、私たちの活動を守り、後押ししてくださった。先生は、組織の長として素晴らしい才能をお持ちであったと思う。

二〇〇八年で一三回目を迎えた「学校臨床心理士全国研修会」の基調講演者を、河合先生は、第一回研修会から一一年連続で務められた。先生はこの講演に大変な情熱を注がれ、またわれわれも先生の講演をいつもわくわくして心待ちにしていた。参加者からも大好評で、文部科学省初等中等教育局児童生徒課長の講演とともに研修会の呼び物であった。先生もそうした会員の期待に応えられて、文化庁長官などの公務がどんなに忙しくても、またどんなに体調が不良でも、必ず駆けつけてこられた。

先生は、毎年のことなので同じ話をしないようにと、「村山さん、講演テーマを私に毎回出してください。それを宿題にして、考えてお話ししたい」と言われ、私は、その年々で会員が最も必要としていると思われるテーマを選び、先生に連絡した。先生はそのつど、与えられた課題の重要性にふれた後、具体的な事例の話から始まって、そこから引き出される含蓄や意味の提示、さらには実践や将来の方向への示唆など、専門家としてわれわれが活動するうえで深く考えさせられるテーマを縦横に語られた。このように、毎回、大きな刺激と感動をいただけたことは、会員にとって実に幸せなことであった。

思えば、二〇〇六年八月四日の講演には、珍しく文化庁の方を帯同され、いつもとは異なり講演時間間際に会場に到着され、講演中もかなりお疲れのように見えた。まさか、その二週間後に突然病に倒れられるとは、そして、これが先生の最後の講演になるとは、そのときはまったく考えもしなかったことである。しかしとうとう、第一二回大会冒頭で黙祷をささげることになってしまった。誠に残念であり、無念である。

本書は、十数年におよぶ学校臨床心理士全国研修会における河合隼雄先生の基調講演の記録を可能なかぎり集め、一冊にまとめたものである。研修会の歴史的な活動の記録を残すという意味でも、また、その時々の課題が時代とともにどのように変遷していったかを見る意味でも、掲載は第一回からの時系列とした。ただ、あちこち手を尽くしても録音記録を入手できず、全回の記録を収載できなかったことは、申し訳なく残念に思う。

しかし、いま改めて本書を通読してみて思うことは、先生の話されている内容は、学校という特定の場でのカウンセリングにとどまらず、すべてのカウンセラーが心理臨床において心得ておくべき真髄のようなものが、実に丁寧にわかりやすく述べられているということである。それはまた、カウンセラーという特定の職業をもつ者のみならず、学校現場で働く教師の方々や、親御さんなどにも、多くの示唆を与えてくれるものと確信している。

ここに先生の偉大な貢献に感謝しつつ、本書が可能なかぎり多くの方々に読まれることを、そして、それぞれの方にとって資することが多からんことを切に祈ります。

二〇〇八年六月

＊注　本稿は日本臨床心理会雑誌五四号（二〇〇七年九月）の拙稿、八〜九頁を編集加筆したものである。

目次

はじめに　村山正治　1
学校臨床心理士の意味するもの　9
日本文化とカウンセラー制度　43
揺れる学校とスクールカウンセラー　75
教育の時間――こころの時間　97
日本の学校と文化　113
個と集団　141
学校という場における関係性をめぐって――全体を見る・関わる・つなぐ　173
こころ、言葉、文化　207

『河合隼雄のスクールカウンセリング講演録』公刊に寄せて　大塚義孝　227
資料　学校臨床心理士研修会実績　235
あとがき　滝口俊子　245

装丁　濱崎実幸

河合隼雄のスクールカウンセリング講演録

学校臨床心理士の意味するもの

はじめに

「学校臨床心理士の意味するもの」というのは、非常におもしろい表題をいただいたと思います。たしかにこの題のとおり、学校に臨床心理士が入るようになったことは、日本の教育全体にとって非常に大きな意味があると私は思っています。

また日本は今、教育だけではなくて日本全体、つまり日本の社会や文化全体が相当な変革期を迎えているのではないかという認識をもっています。もっと簡単にいえば、古来受け継いできた伝統的な日本人のものの考え方、生き方というものに、欧米の考え方をどう取り入れるのか、どう対決するのかを考える時期が来ているのではないかと思うのです。

「和魂洋才」という言葉がありますが、われわれ日本人は、たましいは「和」、つまり日本のたましいをもちながら、西洋の「才」や「技術」を取り入れるということを明治以来やってきました。ところがもう、この「和魂洋才」にとどまっている時代ではないのではないか。とうとうこころのレベル、たましいのレベルの深いところで、西洋と対決しなくてはならない時代がやって来た。そのために今、いろいろなことが起こってきているのだと思います。

追いつき追いこせの日本の教育

教育の面でいいますと、日本のこれまでの教育はそれなりに成功してきたと私は認識しています。一方的なことを言う人のなかには、日本のこれまでの教育がすべて悪かったように言う人がいますが、戦争に負けてまったくゼロ、あるいはマイナスといってもよいぐらいペチャンコにやられたところから、われわれは欧米に追いつき追いこせという目標をもってやってきました。そして、追いつこうということに限っていえば、なんとか成功したのではないかと思います。その結果、戦後五〇年にして日本は経済大国になりました。

ほとんどの人が文字を知っているとか、日本語という一つの言語でお互いに相当高度な知識を交換できるというのは、ほかの国からみれば非常に珍しいことなのです。たとえば、フィリピンやタイでは、大学は英語で講義をしています。そういう点でいうと、われわれは全部日本語でやっている。工場を作るとしても、そこで働く人がみな、ちゃんと自分でマニュアルを読んで考えられる。それだけではなくて、どこをどう改良したらもっとよくなるかまで、みんなが考えられる。日本とはそういう国なのです。これが日本の繁栄をもたらしたのです。

ところが、あまりに急速に繁栄したこともあって、欧米からは、やっかんで「日本はほかの国の真似ばかりしている」とか、「いいとこどりだけしている」「いったい日本人で画期的な発明・発見をした人はいるのか」と言われたりしました。実際、たとえば理論物理学の歴史のテキストを書くとしたら、日本人で名前が載るのは湯川秀樹さんぐらいではないでしょうか。ほかに何かの歴史を書いたとしても、根本的なところでは日本人の名前はほとんど出てきません。〝次にそれをどう発展させたか〟というところでは、日本人の名前はたくさん出てくると思いますが。

日米交渉などの場でも、こうしたことで相当激しく突っこまれることがあります。先日、橋本相首（一九九六年当時）が日本の教育について懇談したいというので、ほかの方々ともども雑談的な話し合いをしました。そのとき首相が言っておられたのは、日本の政治家にしても外交官にしても、教養をもった人間として外国の人と対等に交渉するのは非常に難しいということでした。

たとえばフランスのシラク大統領と話をしていると、シラク大統領は日本の文化に精通しておられて、日本の外交官にわざと芭蕉のことを聞いて、相手がどういう反応をするのか見ておられる。これは、桑原武夫先生もよく言っておられました。「京都へシラクさんが来られると雑談していても、『表千家と裏千家がありますけれども、考えが違って別れたのですか、何で別れたのですか』なんて質問を市長に投げかけたりされる。本当はシラクさんは全部知っているのですよね」と。つまり、そういうことを知っていないと、いっぺんに相手にやられてしまうわけです。

こういう人間としての力量や教養をもつということになると、日本人の教育に対する考え方は外国とはずいぶん違っています。どう違うのかというと、日本の教育は「追いつき追いこせ」とやってきたので、自分に必要なことはいつまでも覚えているけれど、必要でないことは覚えていない。いわゆる「お勉強」だけをやってきて、「お勉強のよくできる人」が立派だと思っていて、人間そのものが鍛えられていないのです。

一人ひとりを大事にする教育のシステム

そういうことがいろいろと出てきて、これはもう、日本の教育を根本から考え直さなければならないところまできている、と私は思います。つまり、一人ひとりをもっと大事にするという考え方に変えなくてはならないということです。

全体として能率よく勉強できるという点では、日本の教育は世界に誇ってよいものです。私はよく外国に行きますが、今まではむしろ、「よくやっている」と日本の教育への称賛を聞くことのほうが多かったです。「日本の小・中学校のように一人の先生が一度に四五人もの子どもを相手にして、あれだけ効果をあげているところはない」と言うのです。イギリスやアメリカでも、「日本の教育を見習いたい」と言うところもありました。

ここまではよかったのです。ところが、このまま推し進めていって日本がどんどんよくなるという認識はもてません。このあたりで変えねばならない。何をどう変えねばならないかというと、「一人ひとりを大事にする教育」に変えなければならない。そうするためには、システムそのものを変えないといけません。そこで、「人間一人ひとりを大事にする」という発想で学問をし、技術を身につけることをずっとやってきた臨床心理学のやり方が、非常に意味をもつことになったわけです。

われわれ臨床心理学をやっている者は、一人の人間というものをとても大事にします。「一人の人間が一つの世界である」という認識に立っています。「目の前にいる子どものことをまず考える」

ということを根本にしている。

「目の前にいるこの子をどうしたらいいのか」というときに、これまでは「私はこうする」「こうしなくてはならない」ということが二の次にされて、すぐ「そもそも日本の教育は……」などという話になり、結論はだいたい「文部省（現・文部科学省）が悪い」ということになってみんなで納得していました。ところが、そうではなくて「この子をどうするのか」ということに、実際に対処できる人間がいなくてはならない。そのために今回、国の方針を大転換して、学校にスクールカウンセラーを入れてみようということになったのです。これは、ものすごい決断だと思います。

日本の教育界はこれまで、「われわれはちゃんとやっているのだから、よそ者は入ってくるな」という所でした。今まできちんと成功してきたのですから、これは当然のことだといえます。世界に誇るぐらいのことをやってきたのですから。

だいたい日本人は、固まるとよそ者を嫌います。日本人の考えの尺度で一番大事なのは「内か、外か」ということにあり、「内の子はいいけれど、外の子はほっとけ」となりがちです。そういう所に臨床心理士やスクールカウンセラーを入れようと決断したというのはすごいことです。それだけに、そこに入っていくほうも大変です。

じつは私は、スクールカウンセラー制度ができたのはいいけれど、うまくいかないのではないかと心配もしていました。ところが、すでにみなさんも経験しておられるとおり、実際に問題を抱えている学校が選ばれたということもあったと思いますが、行ってみると先生方は非常にオープンに会ってくださいましたし、カウンセラーもそのつもりで行きましたから、今までのところ、なかなかうまくいっていると思います。

なぜかといいますと、今問題になっている〝学校へ行かない子〟や、〝いじめをしている子、されている子〟のことは、今までどおりの「みんな一緒にやりましょう」という教育では対応できない、やはり一人ひとりを考え直すやり方をしないと解決できない、という認識がすでにできているからです。そこに実際にスクールカウンセラーが行って、「この子はこうしたほうがよろしい」「この子には、私がしばらく会いましょう」と具体的に対応し、しかも、そうすることに意味があるということが理解された。この成功によって、二年目に入りさらに多くのスクールカウンセラーが配置されるようになりました。

個人主義への理解

ところで、ここでもう一つわれわれが考えなければならない根本問題に、「一人ひとりを大事にする」というときに、その「一人ひとり」をどう考えるのかということがあります。欧米では、「一人ひとりを大事にする」というのは、ある意味では当たり前なのです。ですから、欧米の中学校や高等学校に行きますと、「個性を大切にしよう」というスローガンをわざわざ掲げているような所は一つもありません。ところが日本では、「個性を大事にしましょう」と額に掲げながら、一方では「みんなで一緒にやりましょう」とか、「一丸となって……」とか言って、個性が消えてしまうようなことをやっている。

「個人」は英語でいうと「インディヴィデュアル（individual）」ですが、ギリシア語でいうと「アトム（atom）」です。「トム（tom）」は〝分ける〟で、「ア（a）」は否定ですから、〝分けられない〟という意味です。atomとindividualは同じ意味の言葉です。ですから、いくら分けても「私」という人間は分けられないというところから、最小単位のatom／individualを大事にしなくてはならない、という考え方があります。

それから、西洋では近代に個人主義が出てきますが、個人主義は近代の考え方の根本といえます。ところが、われわれ日本人で本当のところ個人主義というものをわかっている人は、非常に少ないと思います。たとえ頭でわかっていたとしても、実際にはとても難しい。「個性を大事にしよう」と言っても、では実際にどうすればよいのか。

具体的な場面を考えてみるとよくわかります。たとえば、帰国子女の問題です。日本に戻って学校へ行く。校長先生から「君はニューヨークに三年もいたのだから、頑張りなさい」と言われる。本人も「頑張ろう」と思います。アメリカで勉強してきた人はアメリカでの教育を身につけて帰ってきますから、社会の授業などで先生が「日本の企業も最近は海外に出ていくことになりましたので……」と言うと、必ず手をあげる。先生はせっかく自分が話しているのにと、それだけでも不愉快です。でも、しようがないからあてます。

帰国してきた子が、「海外に日本の企業が出ていっていることについては、私はニューヨークで見聞きしてきたので、そのことを話したいと思います」と言う。先生はますます不愉快になっていく。そこがわからないその子は、「ニューヨークに行きますと、日本の○○社があって……」と授業で大活躍をして、「授業にコントリビュート（contribute：貢献）している」と思っている。ところろが先生は「余計なことを言うな」と思っている。先生は自分の知っていることを、あるいは自分が昨日覚えたことをみんなに教えて、覚えてもらおうと思っています。これが日本の先生の役割だからです。ところが個性を大事にしながら教えるということは、子どもたち各人に好きなようにものを言わせながら、しかもきちんと教えていくということですから、これは大変なことです。

そういう具体例を一つひとつ考えますと、言葉で言うほど簡単ではありません。そういう難しいことを、日本の中でやろうというわけです。そのときに、個人主義は絶対に正しいからわれわれはみな個人主義のほうへ進んでいかねばならないのかというと、私はそれには賛成しかねます。

日本に通用するカウンセリング

これはそれぞれが自分で考えねばならないことです。ただ、はっきりしていることは、日本人はもっと個人主義を身につけなければならないということです。けれども、個人主義が正しいからすべてが個人主義的になっていくべきだとは私は思っていません。それが証拠に、アメリカへ行くと個人主義のために苦しんでいる人、個人主義のために不幸になっている人はたくさんいます。

私はこのごろ、外国にあちこち行くことがあり、アメリカやヨーロッパの人のセラピーをする機会が増えています。また、箱庭療法の関係で外国に行き、むこうの実際のケースをスーパーヴァイズする機会も増えてきました。そうして見ていきますと、日本がここまできて方向を変えねばならないのと同じように、アメリカも個人主義が頂点に行きついていて、何かを変えねばならないところに来ているように思えます。そして、アメリカの人たちにはむしろ、日本人の生き方が参考になるのではないか、と私は思っています。

ここで「もう西洋はだめだから東洋だ」と言う人もいるかもしれませんが、それには賛成しかねます。むしろわれわれは、西洋の個人主義をもっと身につけて学ばねばならない。その方法の一つに、カウンセリングがあるということです。

カウンセリングは原則として、一人対一人の関係で行うものです。カウンセリングの本を読んでも、精神分析の本を読んでも、背後にあるのは個人主義の考え方です。では、その考え方でわれわれがカウンセリングについて学んできたことが、そのまま日本に通用するかというと、そうではありません。日本人は曖昧に生きていますから。かといって、まったく日本的になってしまっては、カウンセリングそのものが成り立ちません。「まったく日本的になる」とはどういうことかといいますと、〝秘密がない〟ということです。

「みんな何でも話しましょう」というのが日本のやり方です。ですから、カウンセリングで聞いた話をすぐに校長先生のところへ言いにいく。先生や親にも言いにいく。これが日本のやり方です。秘密をもたない。なにもかもみんな一緒で、「死なばもろとも」というのが日本のやり方なのです。

これに対して「絶対秘密を保持しよう」というのは個人主義の考え方です。ところがみなさん、スクールカウンセラーになって、「これはクライエントの秘密ですから保持します」と言っていると、絶対仕事にならないですよ。だからといって、「それでは、ちょいちょい漏らしますから」と言えば、「ちょいちょいというのは何パーセントでしょうか」と言われてまた困る。そういう難しいところに、スクールカウンセラーは立っているのです。

スイスでの体験

私の体験を申し上げたらわかりやすいかと思いますのでお話しします。私は、カウンセリングや心理療法が日本でまだあまり知られていないころに、アメリカやスイスへ行って勉強しました。ですから、何でも教科書に書いてあるとおりにやらないといけないと思っていました。たとえばクライエントが休むと、「来週はぜひ来てください、お待ちしています」とメッセージを書いてはいけない。そういうことを書くと依存してくる。「来週も二時から三時まで時間を空けておりますので、よかったらおいでください」と書くのが相手を尊重していることになる。来たくなかったら来なくていいのだと、英語の本には書いてあります。われわれは、そう習いました。

最初、私はスイスでセラピーをやっていました。私のスーパーヴァイザーは、スイス人です。クライエントはいろいろな国の人が来ましたけれど日本人もいました。スイスにいたので、私は日本語と英語とドイツ語で分析をやっていました。そのころの日本人は、まだ分析を知らない人が多くて、「先生、分析の機械はどこにあるんですか」と見回す人がいたりしました。それから「レッスンは一回でいくらでしょうか」と、分析のことを何かのレッスンだと思って来る人とか、いろいろいました。

そういう人たちを相手にセラピーが進みだすと、クライエントが非常にしんどくなってきます。それは当たり前で、クライエントはそれを乗り越えなければならない。しかし、非常にしんどいところでクライエントが休みます。それで私が、「次においでください」と言うときに、「何時から何時まで時間を空けていますので、よかったらおいでください」と書いた。すると、その人は来ません。そのころの日本人の常識では、「よかったらお立ち寄りください」というのは、だいたい「来るな」という意味だったと思います。よく住所変更のお知らせで、「どこそこに移転しました。近くに来られたらお立ち寄りください」と書いてありますが、あれを真に受けて行ったりしたら、後で笑われることになります。だから、書きながら「こんなことを書いたら来ないだろうなあ、あの人は」と思い悩みました。

私は、クライエントも苦しんでいるだろうと思いながらそれでも、「よかったらおいでください」と書きました。「是非おいでください」と書いて依存されてはいけないと思い、教科書どおりに書いて、それをスイスのスーパーヴァイザーのところへ持って行って見せました。スーパーヴァイザーは書いたものを見て、「日本では一般にこういうことを書くのか」と聞きます。そういうところはセンスがありますね。「いえ、日本では『よかったらおいでください』というのは、『来るな』ということです」という話をしたら、にやーっと笑いました。私はドイツ語でスーパーヴィジョンを受けていたのですが、そのときスーパーヴァイザーがいった言葉を今でも忘れません。ドイツ語で「おまえの日本のたましいはどこへ行ったのか」と言われました。

名言ですね。「うまいこと言うなあ」と思いました。「こんな手紙を書くな」とも「ぜひおいでくださいと書け」とも言わない。どちらがよいかはわからない。ただ、「おまえは、日本のたましいを忘れて、アメリカのテキストどおりにやっているではないか」ということを言われたのです。ですから、次にどうするかは私にしか考えられない。スイスの人にならもちろんその手紙でいいのでしょうけれど。私は、「おまえの日本のたましいはどこへ行ったのか」と言われて、「まいったなあ」と思いました。あとは、「日本のたましいで、自分で考えろ」というわけです。私はものすごく考えて、手紙を書きました。それで、その人は次にやって来ました。

私が言いたいのは、みな一人ひとり自分のたましいをもっているわけですから、それを使ってほしいということです。もちろん、ルールを目安としないと考えようがありません。「秘密は厳守すべきである」「時間は守らなくてはならない」というルールを、われわれは知っていなくてはならない。しかし、ルールどおり、ルールに頼るだけではなくて、そのルールに自分のたましい、ここころを照らしてみて、自分の答えというものを出してほしいと思うのです。

そうすると、ただ通りいっぺんに「今は個人主義の時代ですから」「カウンセリングは個人主義をベースにしておりますから」とは言えないと思うのです。そういうなかで、カウンセリングはやはり、歴史的には近代の個人主義をベースにして出てきたことをよく認識して、その認識のうえに立って、「自分は日本でやっている」「日本の学校でやっている」「私がやっている」というように、順を追って考えてほしいと思います。

教育の国際化のはじまり

カウンセラーが自分たちの体験を集めていくことによって、カウンセリングの実際というような本をつくるだけではなく、「日本人のこころの行方はどうなるのか」「日本における個人主義の将来はどう考えるべきか」など、日本の社会全体や日本文化に対する発言も可能ではないかと、私は思っています。

われわれがやっていることが、「日本の文化、社会の変革の歴史をつくりつつあるのだ」という認識をもってほしい。自分のカウンセリングの体験を発表することによって、単に日本のカウンセリングが進むとか、日本の心理臨床が進むということだけではなく、「私はこういうふうにして、こうなった。だから、日本の個人主義はこう考えたらいい」というように、われわれはもっと大きいことにも貢献できるのではないかと思います。「今、われわれが自ら歴史をつくっているのだ」ということを考えてください。日本人全体の生き方、日本文化のあり方にさえ発言できるのだということを、思っていただきたい。

何度も言うようですが、日本の文化という点からいって、非常に閉鎖的だった学校へカウンセラーが入ったということは、本当に画期的なことなのです。NHKのディレクターをしている人が、「これは日本の教育における国際化のはじまりだ」と言われました。国際化のはじまりというのは、急に英会話の練習ばかりすることではないのです。「自分と違うものに触れてそれを受け入れることが国際化だと考えると、日本の教育の中にカウンセラーを入れて、みなで何とかしようというのは、国際化のすごく大事なはじまりだ」ということなのです。

「異質のものを受け入れ、共にやっていこうということを始めたという意味で、学校がスクールカウンセラーを入れたことは『教育の国際化のはじまりだ』ととると、その意味がよくわかる」と言われて、なるほどと思いました。これをジャーナリスティックに、「教育界における黒船の到来である」と言った人がいます。カウンセラーのみなさんは黒船に乗っているわけですから、その気持ちを忘れないでください。

日本人は、たしかに黒船が来たときびっくりしたのですが、その後、異質なものをどんどん取り入れてきました。そして今度は、こころのレベル、たましいのレベルで黒船が入ろうとしているのだという認識がいると思います。

カウンセラーの視点

今までの日本人の教育で、こうすればだいたいうまくいくというノウハウはあります。そういう点でいうと、日本の学校の先生というのは大したものです。そこへわれわれカウンセラーが入っていく大きな意味は、違う角度、違う視点から見たことを現場の先生方と話し合い、意味のあることを生みだしていくことにあります。みなさんが学校へ行かれたら、そういうことができるように頑張らないとだめです。学校の先生と同じことを言っていたのでは、意味がない。かといって、あまり違うことを言って排除されても、話にならない。

そのときに、われわれはどこに視点をもっていくべきかというと、第一は、個人を非常に大事にしているということ。「この子をどうするか」「学校へ行っていないこの子はどうなるか」「いじめられているこの子はどうなるのか」というところに視点をもっていく。そこから発想を積み上げるという点で、学校の先生方とは違うと思います。学校の先生方はどうしても、「全体がうまくいくにはどうすればいいか」という考え方をします。そういうときに、一人の子どもの側からものを言うのがわれわれカウンセラーの特徴なのです。

学校に行くと、コンサルテーションもありますし、クラス全体のことも考えなければならないし、先生方の話を聞いたり、校長先生の話を聞いたりと、やらなければならないことがたくさんあります。しかし、われわれの基本は個人に会って、個人の世界を大事にしてカウンセリングをするということです。そのことを忘れないようにしてください。それが基本にあるからコンサルテーションができるし、校長先生とも話ができるのです。

学校の組織のことをよく知っているからとか、全体を見て地域のことも考えてものを言えるから、というだけではだめなのです。根本にまず個人のことがある。笑い話のようですが、われわれの学会がまだ「臨床心理学会」と言っていたころ、「スーパーヴィジョンの制度を導入しよう」と言ったことがあります。そのとき、「私は個人のセラピーができないから、スーパーヴァイザーになろうと思っています」と言った人がいます。そんなことを言えば今は笑われますが、そのころはみんな「いいなあ、それになれたら」と思っていたのです。

これは、「私はスクールカウンセラーで、学校が私のクライエントですから、個人は知らない」と言うのとどこが違うでしょうか。われわれはそんなことにならないよう、こういうことは絶対言わないようにしてください。「個人から学校を見ている」「個人から校長先生を見ている」ということを絶対忘れないこと、それが大事なのです。

次に、われわれがものを見るときには「可能性に賭ける」というところが、学校の先生方と非常に違うところだと思います。だから、私は「○○対策」という言葉が嫌いです。たとえば「いじめ対策」などです。「このいじめている子をこうやって、この先生をこっちへやって」としているなかで、忘れていることがある。今、いじめているこの子は、どんなふうに変わるかわからない。今、非常に下手に見えるこの担任の先生も、どんなふうに変わっていかれるかわからない。あるいは、家庭の中で子どもをほったらかしているように見えるお父さんも、どのように変わっていかれるかわからない。そういうことを忘れてしまって、テレビの修繕をするように、これとこれを付け替えて…というような発想をわれわれはしない、ということです。これを忘れないでほしいと思います。

ですから、「この子はどうしましょう」というときに、「面白いなあ」「不思議な可能性をもっているなあ」と思って見ていると、みんなが「だめだ」と言っていた子どもでも変わるかもしれないわけです。現にわれわれが関わっているうちに、みんなが「だめだ」と言っていた子がずいぶん変わるのですから。だから、いつも変わっていくことも考えに入れながらやっていくことが大切です。

われわれはテレビの修繕屋とは違って、心理学をよく知っているし、心理臨床の経験をもっています。ですからテレビの修繕屋は「これが潰れていますから換えましょう」と言って換えるだけですが、われわれはそうではなくて、これは潰れているように見えるけれど、そうではないかもしれない、だめなように見えるけれど変わるかもしれないというところまで見極めながらやるのです。

ただ、全部が全部見えているわけではありません。われわれの仕事というのは、全部を見通してわかるということではないのです。「この方向に行ったら、いけるのではないか」「この方向に賭けていきましょう」というやり方をしているわけですから、そのようにものを言わないといけない。そのことをいつも心掛けていてほしいと思います。

権力から外れていること

そして、そのようにものを見るわれわれの立場の非常に有利な点は、「社会的なシステムに完全に入り込んでいない」というところです。そこが強いのです。みなさん、スクールカウンセラーとして学校に行っても、学校の職員の中に完全に入っているわけではないですね。「完全に入っているわけではない」という言い方をしましたが、そこが面白いところなのです。

「われわれは社会のシステムからフリーである」とは言わないでください。みんな絶対自由ではありません。どこからお金をもらっているかというと、国民の税金からもらっているのですから、絶対自由ではないことも認識しなくてはならない。しかし学校の先生よりは自由な立場に立っているのです。校長先生よりは自由です。自分の子だけ考えている親よりも自由です。そういう、少し自由な立場からものを見ているというのが、われわれの非常に強いところです。

今は少し変わりつつありますが、日本には非常に単純な「幸福な物語」があって、それがあまりにも強力すぎる。「よい大学に入って、よい企業に入ったら幸福になる」という物語です。だから、「よい大学に入るためには、よい高等学校に入らねばならない」「よい幼稚園に入らねばならない」というところから、「どんな子でもよい幼稚園に入れれば、最後は幸福になる」というものです。こんなことは絶対にないのですが、この単純な幸福物語、幸福神話が大半の日本人を縛っています。

だから子どもは非常にかわいそうです。子どもはすごく多様性をもっていて一人ひとり違うのですから、幸福の物語は無限にあるはずなのに、ほとんどの親がそのワンパターンの幸福物語を思い描いている。そして、「この子を幸福にするためには、家庭教師を五人つけなければならない」といった結論になっていく。

私が実際に会った人で、苦学して小学校を出て、上の学校に行きたかったのに行けなかったという人がおられました。「苦学」、つまり「苦しい学問」と書き、自分で働きながら勉強することです。その人は働きながら定時制高校に通い、資格を取って、ついに社長になって相当なお金持ちになりました。「自分は苦しんでここまで来たけれど、うちの子は苦しまずに幸福になってほしいと思うので、家庭教師を五人つけて勉強させている」と言われました。

それを聞いて私は、「それは苦学したお父さんよりも、お子さんのほうがよっぽど苦学していますよ」と言いました。非常に苦しんでいる社会では、自殺は起こらないと言われます。人間というのは不思議なものです。「よし、やってやろう」と思って食うや食わずで勉強している人と、「よしやろう」という気が全然ないのに家庭教師が五人もつく人と比べたらどちらが苦しいか。家庭教師を五人もつけられたほうがよっぽど苦学です。苦学どころか、その人間を殺してしまいます。

その背後に動いているのは、非常に単純で一様な幸福物語です。これにわれわれは対抗していかなくてはならない。「この子は今学校に行っていないのですが、この子の幸福を考えると、学校へ行くよりも転校して別の学校にゆっくり行ったほうがいいのではないですか」「一年延ばしたほうがいいのではないですか」などということが言える。それは、子どもの幸福のために言うのです。学校の平和のためとかではなくて、「この子のことを考えたら、三年くらい休んでもいいのではないか」と言える人間でなくてはならない。

われわれは、一般的社会のシステムから外れたところに非常に多様な幸福の物語があることを、身をもって知っているからそういうことが言えるのです。それが非常に大事なことです。それができるためには、われわれは権力から外れていることが大切です。権力があると、「これがいいから、おまえやれ」ということになる。お父さんの存在がそうですね。「勉強が大事だから、家庭教師をつける」というのは権力です。また、「学校に来ないなんていうのはけしからんから来い」というのも権力です。

このあいだドイツに行ったのですが、サイコセラピストの集まりでいろいろな雑談をしていて、日本ではこのごろ学校へ行かない子どもが多いという話をしました。するとドイツ人が、「警察は頑張っているのかね」と言ったのです。彼らからすれば、国民の義務を怠って義務教育を遂行していないのだから、親か子どもかどちらかの罪になり、一番はじめに来るのがポリスというわけです。もっとも留置所に入れるということはありませんけれど、ポリスの次には、ソーシャルワーカーが来たほうがいいとかいう話になるそうですが、まず最初は義務を怠っているのだから警察の人が来る。そういう考え方をわれわれはもっていません。しかし、個人主義の国というのは、それぐらいの考えをもっているのです。

権力ではなく内的な権威をもつ

個人主義的な考え方でカウンセリングをやろうという場合、そういう厳しさをもっているかどうかが重要です。国家権力によるとか、父親が全部財産を握っているからとか、そういう権力ではなくて、カウンセラーは何をもっているのか。「内的な権威をもっている」と私は言いたい。権力とは違いますが、絶対侵され難い権威をもっている。「たくさんの幸福の物語について、私はみんなよりはるかによく知っている」「この子の幸福ということを考えるかぎり、これしかないのではないか」ということを、〝権力〟によらずに、自分の腹の底からの〝権威〟をもって言えるかどうかです。私は言えると思っています。

校長先生が何と言おうと、担任がどう言おうと、「いや、この子はもう休むよりしようがないですよ」とか「この子は出席日数が少ないけれど、この際、卒業させたほうがいいんじゃないでしょうか」と、はっきり言えるくらいの強さを自分がもっているかどうかです。そこのところをすごく考えてほしいと思います。

数学の権威であれば、「だれが解けなくても俺が解けるんだ」とわかりやすいのですが、われわれの権威はそういうわけにはいきません。なぜかというと、知識だけでは答えが出てこないからです。そういうときに、「転校で成功した例が八二パーセントあるんですが」と言ってもだめです。「うちの子は残りの一八%のほうではないか」と言われたらおしまいです。そういう知的にだけいろいろ知っている頭でっかちだと、ポンと押されたらひっくり返ってしまいます。

だから、「私の権威というのは、私のどこにあるのか」ということをよく考えるのです。頭にあるのではだめです。少しの衝撃でひっくり返ってしまう。権威を下へというか、深いところへもっていく。権威という言葉が嫌いな人は、「重心」と言い換えるといいかもしれません。自分の重心がどこにあるのかをよく見極めることです。重心は深ければ深いほど、押されようがどうされようがなかなかひっくり返らない。

私のこのごろの夢は、何とかして自分の重心を、私の体よりも下にもつことです。体から出してしまって、地球の中に入れておいたら、突き倒されても軽く浮きあがって、「やあ、こんにちは」とか言えるので、「そういう人間になったらいいな」というのが私の理想です。今なるべくそういうつもりで頑張っています。

みなさんも、自分がスクールカウンセラーとして出ていくときに、自分がどのくらいのところに重心をもって学校へ行こうとしているのか、よくよく思ってください。それは、私の言葉でいえば、〝権威〟なのです。〝権力〟ではありませんし、〝威張ること〟でもありませんので、間違えないようにしてください。スクールカウンセラーで威張るのは最低です。威張りたい人は他の職業がいくらでもありますから、どうぞそちらに行ってください。

カウンセラーを職業とするということは、そういう威張ることが好きだというシステムから外れることです。われわれは腹の下のほうに重心をもって、〝威張らない〟というほうにいる。「みなさん、どうぞ儲けたり威張ったりいろいろやってちょうだい。私たちはちょっと違います」ということです。

ところがときどき、うまくいったときなどに威張りたくなることがあります。「この子をああしてこうしたので、卒業できました」などと言いたくなる。それは人間ですからときどきひそかに威張ってもいいのですが、「私も威張って喜んでいるわ」というぐらいの認識はもっていてください。

研修の場などで、私がみなさんに話しているように威張って話をすることも精神衛生上はよくて、お蔭で次に現場に入るときは威張らなくてすみます。お酒を飲んだときくらいは威張ってもいいでしょう。しかし、現場で威張っているというのはお話にならない。それをやりだすと、たいてい潰されます。

こころ、たましいへの畏敬の念

スクールカウンセラーが、学校でもだいぶ重要視されてきて、いろいろやっていると忙しいので「五年生のあの子に二時に会う約束をしたけれど、忙しいからもうちょっとあとにするか」などということをやりだしたら、これはもう絶対にだめです。だいたい時間を守らないカウンセラーというのは、話になりません。小学校五年生の子と、日に二万円もらっている人との間に差があってはならないのです。

要するに、われわれが会っているのは、相手の人の〝こころ〟なのです。こころやたましいというのは、地位も、お金も、年齢も、関係がありません。だから二時と言えば二時しかない。そのときに「私はちょっと忙しいから」とか、「あれだから、これだから」と言ってさぼりだす人は、われわれが一番大事にしている人間の〝こころ〟に対する畏敬の念がどこかで薄れてしまっているのです。こういう人はもう、カウンセラーではありません。

何歳の子に会うとか、知能指数いくらの子に会うとかではなくて、人間の〝こころ〟に会うのです。そのことを決して忘れてはならないと思います。そういう関係をつくり、そういう関係の中で会うからこそ、普通から見ると何でもないような子や、だめだと思われている子が、だんだん面白くなってくる。先生方も「そうですか、そういうふうに見るんですか」とわれわれの見方を認めて、「やっぱりカウンセラーだなあ」と思ってくれるようになるのです。

長期的視点に立つ

人間のこころが関係すると、いろいろなことが常識とはだいぶ違ってきます。そして、それに慣れてくると、われわれのものを見るスパンも長くなってきます。今勝負するのではなくて、一年勝負かもわからない、二年勝負かもわからない、ひょっとして五年、一〇年勝負かもわからない。そのくらいの見方をわれわれがすることができて、それを言えるかどうか、ということが非常に大事なことです。

昔、〝学園紛争〟といって、大学の内部がもめたことがありました。学部内に学生が勢いよく攻め込んできますから、先生たちはみな「明日になったら大学は潰れるのではないか」という気になりました。「もしかすると、路頭に迷うのではないか」と思いだすと、こちらの対応も何か後手にまわってしまいます。私はそのとき、同じ学部の先生方に、「みなさん、じたばたしないで、五年後のことを考えてください。五年経ったらこんなことは全部なくなっていますから。五年後に焦点を当てて、今何をすべきかを考えてください」と言いました。先生方は半信半疑でしたが、五年後には本当にそのとおりになりました。

学生のやっていることを見ていたら、こんなことが長く続くはずがないとわかるわけです。しばらく楽しんでもらうのもいいけれどいずれ収束する。そこを見極めて、今、何をすべきかというように考えないといけない。「正しい答えは何か」など、考えなくてもいいのです。答えはいい加減でも、五年後には今の混乱はなくなっていると思うだけで、いっぺんにこころに余裕ができる。そうすると、見方が変わってくるのです。

だいたい教師は教育熱心な人が多いですから、ついつい目先のことに熱心になります。そういうときに、スクールカウンセラーがスパンを長くもって考え、少し違う立場の人間として余裕をもった発言をすると、「そういうふうにも考えられるのか」と思える。それがものすごく大事なのです。私も高校の教師をしていたのでよくわかるのですが、特に担任をもったりすると、一年で効果をあげたいのです。ところが人間の人生は、一年くらいではなかなか変わらないことが多い。高校でめちゃくちゃやったことが素晴らしい体験となって、後で成功するという人たちもいたりします。そういうことも考えながら見ていると、今、目の前で起こっていることにうろたえなくてすみます。われわれが、長いスパンに立った見方を言ってあげられるということが、とても大事なのではないかと思います。

第一印象がカウンセリングを左右する

人と人との関係というのは非常に不思議です。カウンセラーは、普通一般の単純な成功物語にとらわれていませんし、単純な熱心さにもとらわれていません。そうはいっても、特に難しいのは思春期の子どもです。思春期の子どもには一回目に嫌われると手の打ちようがありません。一回目で、

「このおじさん、だめだ」と思われたら、あとはどんなにしようと、熱心になればなるほど「いやだなあ」と思われるし、さぼっていたら「やっぱり」と思われるし、何をしてもうまくいきません。

思春期の子どもに一目会って、すんなり関係ができるというのは、その人の才能、訓練、その他いろいろなものがありますから、中学校は非常に難しいと思います。だから中学校には、ベテランのカウンセラーよりも若手のカウンセラーが行ったほうがいいかもしれません。お兄ちゃんやお姉ちゃんという感じで来てくれたほうが、スムーズにつながる。しかし、つながったからうまくいくかというと、それはまた別です。あとで困る。だからカウンセラーになりたての人に若さの勢いで行ってもらう場合でも、バックにその人を指導する人、つまりスーパーヴァイザーがいるというシステムでやったほうがうまくいくと思います。

私は、だいたい思春期の女の子には会いません。私が会うよりは、大学院生が会うほうがよほどいいのです。しかし、その大学院生をスーパーヴァイズすることはできます。もう一つ上から見るということが重要です。初対面での印象というのは、いくら頑張ってみたところで顔は変わりませんので、なかなかそう簡単にいかないということです。

学校臨床心理士の第一回目の派遣のときは、人間関係が大事ですから失敗があっては困ると思い、だいたいベテランの人が行ってくださったと思います。おかげで大成功しました。ですが、これから人を増やしていくときに、ベテランばかりというわけにはいきません。ベテランといっても、長い間やっていたからベテランだというわけではありません。本当の意味でのベテランは、あまりいないものです。それよりも、若い人を育てていくことを考えねばなりません。

この話の中ではあまりそういうことを言えませんでしたが、学校臨床心理士が成功した大きい要因の一つは、県単位のグループができていたことにあると思います。それはもう、各県単位でものすごく頑張ってくださった。県によって事情がかなり違うのですが、一律に上から号令で「やれ」というやり方をしたのではなくて、県の事情というものをよく知っている人たちが中心になった。広島県なら広島県のことを知っている人がやり、岡山県なら岡山県のことをよく知っている人がやるということをした。それで、非常に成功したのだと思うのです。このなかにはそういう推進力の中心におられる人もいると思いますが、これからは思い切って若手を使うということも考えてください。

診断と見立て

カウンセリングにおいて「見立て」という言葉がありますが、スクールカウンセリングにとっても、見立ては非常に大事になってきます。医者の世界では「診断」といいます。「診断」という言葉があるのに、わざわざ「見立て」という言葉を使うようになったのはなぜか。面白いことに、「見立て」という言葉を一番はじめに言った人は、じつは精神科のお医者さんです。『甘えの構造』という本を書かれた土居健郎先生が、「精神科の場合は〝診断〟などと言うより〝見立て〟と言ったほうがいい」と書いておられます。われわれの場合は、お医者さんよりもさらに〝見立て〟が大事になってきます。

それはどういうことなのか。土居さんによると、〝診断〟というのは「ダイアグノシス

(diagnosis)」の訳ですが、そういう西洋にあったコンセプトを日本語に置き換えてみると、非常に明確で分析もできるし構築もできるが、そういうものは人間には馴染まない。人間に相対するときは曖昧なほうがいいから〝見立て〟のほうがいい、と書いておられる。

子どもに会って、「診断は不登校だ」とか、「強迫神経症だ」と言ったところで何にもならない。次にどうしたらよいかということにはならないのです。それよりも、「この子に何ができるか」ということが一番大事なわけです。この一番大事なことを含んで言うことが〝見立て〟なのです。最近私は、「日本文化における『見立て』と心理療法」という論文を『精神療法』(第二二巻、第二号、一九九六年四月)という雑誌に書きました。それも面白い話ですので、関心のある人は読んでください。

ところで、われわれは見立てをするのだから病理診断はしなくてもよい、ということではありません。病理的な診断もある程度できて、それを含んで見立てをしているということを忘れないでください。「自分はスクールカウンセラーだから、〝診断〟ではなく、〝見立て〟をしに行っているんだ。だから診断はしなくてもいい」というような甘い気持ちでいてもらっては困ります。たとえばてんかんの子どもさんの場合は、われわれが受容するよりも、薬を飲んでもらったほうがよほどよいわけです。そういう子どもの相談があったときに、「いろいろと動き回っていますが、この動き回るこころを大切にしたい」と言うよりは、「この子はてんかんではないですか」とはっきり言えることが大事です。そのとき「てんかんだ」と言えないにしても、「いっぺんお医者さんに見てもらいましょう。もしてんかんだったら薬を飲めばよろしいですから」と言えることです。

私も実際にそういう経験があります。大学の寮で何でもないのに急に怒って人を殴ったりして困る、というので連れてこられた学生がいました。会ってみてすぐ、てんかんではないかと疑いました。そこで「一度、精神科へ行って診てもらったほうがいいと思う。てんかんだったら、薬を飲んだらいいんだから」と言いました。

そのときに大事なのは〝関係〟です。「あんたはてんかんだと思うからあっちへ行け」というような言い方をすれば、「俺を何だと思っているのか」と怒る人が多いと思います。われわれカウンセラーは、「なんのかんの言うよりも、医者へ行って薬をもらって飲むほうがよっぽど楽になるし問題もなくなるから、病院に行ったらどうですか」と言います。

私の弟（故・河合逸雄《いつお》氏）がてんかんの専門医ですが、薬を飲んでいたら発作も起こらず普通に生活できるのだから、「てんかんの薬は眼鏡みたいなものだ」と、うまい言い方を教えてくれました。近視の人に「おまえ、眼鏡をかけないと普通に見えないのか。変わってるなあ」とか、「おまえは近視病か」などと言いませんね。ですから、「てんかんの薬など眼鏡みたいなもので、上手に飲んだら普通に暮らしていけるんだから」というような言い方も、われわれはよく知っていなくてはならない。

精神科へ行ってもらう必要のある人もいると思いますが、そういうときは上手に精神科へつなぐようにします。あるいは小児科に行ったほうがよい場合もあります。だからわれわれは、小児科の先生にはどういう人がおられて、どういう人のところへ行けばよいかということも判断できなければなりません。

そういうことも踏まえながら、こころのことを考える。そして、ものすごく大事なことは、「私に何ができるだろうか」というように、「見立ての中に、見立てる人が入っている」ということを肝に銘じてほしいと思います。「この子はお父さんもお母さんも大変な人だから、両親よりも本人と会っていくほうがいい」と思ったのなら、本人と会って「私に何ができるだろうか」というところまで考えなくてはなりません。

「自分の力ではできそうにもないからスーパーヴァイザーに相談しよう」とか、「この子は、学外で会ってもらったほうがいいのではないか」とか、「私が会うよりも、たとえば教育研究所とかがあるので、そこへ紹介しよう」とか、「これは私がやっていこう」とか考える。そういうときに、自分の能力が問われてきます。

危険に対する見立て

その次に大事なことは、〝危険に対する見立て〟です。今日はあまりそれに触れる時間がありませんが、カウンセリングとか心理療法というのは危険性をともないます。元気のない子が元気になるときは喧嘩をするかもわからないし、家から独立しようと思う子は家出をするかもしれません。人間が極端に変わろうとすると、自殺するかもしれない。

変わろうとする場合は、すごく危険なところをくぐってよくなるのです。だからその危険なところを一緒に乗り越えられるという見立てがないといけないわけです。そして、その危険性を保持できる力が当の子を取り巻くカウンセラー、先生、親、学校、地域というものにどれだけあるのか、ということも見立ての中に入ってくるわけです。それをわきまえないで、うっかりとやっていると大変な失敗が起きることになります。

簡単にいえば、人間が変わるということは、死んで生まれ変わること＝死と再生です。「死」と言うときには、大変なことがいろいろ起こるのは当たり前のことです。その死を再生につなぐことができるような準備が、全体の中にあるのかどうかを見立てる。その見立ての中に自分の能力、自分の可能性というものが入ってくる、と思ってください。

そういう見立てで全体を動かしていく、あるいは動いていただくことになります。そして、自分の見立てたことをそのまま言うのがよいのか、それとも言わないのがよいのかということもまた非常に難しいことです。「この人は一年くらいでよくなるでしょう」などとうっかり言ってしまうと、「ああ、一年でよくなるのか」とみんなの緊張が弛んで努力が鈍ったりします。一年というのはみんなが懸命に頑張ったらよくなるということなのですから、言い方を一つ間違えると、できることもできなくなります。

これは実際にあった例ですが、「私は三月三日に自殺します」と子どもが書いた。それを見たカウンセラーが、「こんなことを書いていますけど大丈夫ですよ、この子は自殺しませんから」と言って、親が安心してしまいました。「自殺などしない」と思われると、子どものほうは行きがかり上、自殺しなければならなくなってくるわけです。本当は自殺なんかする気はなかったのに、親がのほほんとしだすと、逆に「ここはなんとか……」ということになって、しなくてもいい自殺未遂までしてしまうということが起こる。

「この子は自殺なんかしませんよ」と言ったことは正しいのですが、正しいことをうっかり言ってしまったために、失敗しているわけです。子どもが「自殺します」と書いたときには、親にも心配してもらわなければなりません。ところが、「わかりませんよ。いろいろな例がありますから、どうなるかわかりません」と言って、親が「あの先生は、どうも頼りないから不安でたまらん。他へ相談に行こう」というようなことも起こりえます。これもまた失敗です。みんなでその子のことを心配して、そこを乗り切っていけるようにするには、お父さんにどう言ったらいいのか、学校にどう言ったらいいのか。これは、みなさん一人ひとりのやり方にかかっているのです。

おわりに

最後に一つ言いたいのですが、昨日のみなさんの討論を聞いていて私が非常に嬉しく思ったのは、「こっちがいい」とか、「みんなこれで行け」というような一方的な話が出なかったことです。

たとえば、誰かが「スクールカウンセラーは、やはり学校の中に溶けこむことができなければ話にならないのだから、溶けこんでいくようにしよう」と言ったとき、「いや、溶けこむばかりが能ではない」とすかさず言った人がおられて、非常によかった。「学校へ行ったら、みんなそこに溶けこまなくてはならない」とか、「煙草を吸う先生と話をするときには自分も吸って……」とか、「頑張って一緒になって、先生と友だちになる」などとやる必要は全然ありません。やはり、どこか先生とは違う世界に住んでいる人がいるから面白いのです。

そうかといって、「私はカウンセラーですから先生方とは違うんです」というのは絶対だめですね。カウンセラーは学校に溶けこむべきか、溶けこまざるべきか。答えはありません。「何月何日に自殺する」と言う子がいたら、それを学校に言うのか言わないのか。これにも答えはありません。

それらの答えはそんなに単純ではなくて、その時その場の事実の中にあると思います。ある人にとっては、学校に溶けこむほうがいいのかもしれないし、またある人にとっては、離れているほうがいいのかもしれない。なぜならば、その人それぞれの個性があるからです。自分の個性と違うやり方を真似してもうまくいきません。みんな、自分でつくり出していくのです。単純なマニュアルがあってそのマニュアルどおりにやっているのではなく、みんな自分の勘と、自分が置かれた学校や地域、あらゆることを考えて、そこで相応しいものをつくっていく。そういうなかでこそ、カウンセラーの個性が輝くのです。

自分のやるべきことを放っておいて、「何かいい方法を教えてください」などと言っている人は、カウンセラーをやめたほうがいいです。ほかに面白い商売がいっぱいあります。それでもなお「私はこれをやるのだ」と言う人は、相当の覚悟がいりますし、責任もあるということを覚えていてください。大きくいえば、「スクールカウンセラーの仕事は、日本の文化、日本の社会、日本人のこれからの行く末に、直接関わっているのだ」と言っていいほどのことだと思っています。

（第一回学校臨床心理士全国研修会講演、一九九六）

日本文化とカウンセラー制度

はじめに

スクールカウンセラーの仕事がだんだん社会で認められてきて、制度としても出来つつあるのを、大変うれしいことだと思っています。今日は、そのことと日本文化について話をせよということですが、これは非常に時宜に適ったことだと思います。

先だって、小渕総理が設けられた「21世紀日本の構想」懇談会（注：一九九九年三月に、二一世紀における日本のあるべき姿を検討することを目的に設けられた懇談会）があって、合宿を行いました（一九九九年八月初旬）。私はその座長をしていますが、非常に意義深く、面白いものでした。

分科会が五つあるのですが、各分科会でいろいろ考えるなかで共通して生まれてきたのは、今という「時」が、日本の文化、社会、ひいては国全体にとって、大変重大な時――危機といってもよい――であるという時代認識でした。それを総理は「第三の改革」と表現されました。第一の改革は、明治維新です。第二の改革は、日本が敗戦を経験した時です。そして「今が、第三の改革の時だ」と言われました。私は、これに大いに賛成です。

人によっては、今の時代を「第二の敗戦」と言う人もいます。第二次世界大戦で敗れた時が第一回目の敗戦です。それから懸命に頑張り、戦後五〇年で日本はいかにもすごい国になったように思っていた。ところが今、再び経済戦争に敗れた。これが「第二の敗戦だ」というのです。

そういう厳しい時代認識をもって、よほど頑張らないと日本人はだめになってしまうという指摘は、どの分科会にも共通していたと思います。

「個」の確立と「公」の創出

では、次に何をするべきなのかということになります。これにも、五つの分科会でいろいろな意見が出ました。各分科会を回ってみて痛感しましたのは、端的にいって「個」の確立ということでした。

日本人は今、「個」の確立ということを真剣に考えなければならない。ただそのときに、「個」の確立のことばかり言うと、いわゆる利己主義のような考え方と誤解されることもあるため、「個」と「公」の両面を言わなければならない。そこで、〝「個」の確立〟と〝「公」の創出〟という言葉がペアにして語られました。

わざわざ「公」の創出という言葉が使われているのは、今まで日本には真の「公」というものがなかったのではないかという考えに基づいています。ですから、これまで日本になかった「個」の確立と「公」の創出の両方を、日本人全体が心がけなければ、二一世紀の日本はないという認識です。

そこで私が思いましたのは、まさにその仕事にぴったりなのがカウンセラーの仕事であるということでした。「個」の確立と「公」の創出ということは、すぐに日本の教育につながってきます。この点については、「教育」という言い方をしたり、「人づくり」という言い方をしたりすることはありますが、日本人はこれから新しい「人づくり」をしていかねばならないという認識はみなが共通してもっていました。

そういう意味で、教育の現場におけるスクールカウンセラーの役割は、まさにここにあるのではないかと思ったのです。だからこそ、今まで日本の学校制度の中にはなかった、学校の関係者以外の人が学校に入っていって仕事をするということが起こったわけです。何度も言いますが、学校の外からスクールカウンセラーが入ってくる、これは非常に画期的なことなのです。

学校という「聖域」にカウンセラーが入る

日本の学校は、「聖域」だと言われてきたことからでもわかりますように、「学校のことはわれわれに任せておいてください。ちゃんとやりますから」という構えが強かった。そしてまた、実際、しっかりやってきていました。これについても、みんなの意見が一致しています。今言われております「第三の改革」以前には、日本の初等教育はむしろ非常にうまくいっていたのです。大学教育となると言いたいことはたくさんありますが、今日はスクールカウンセラーの話ですのでやめておきます。

日本の初等教育はうまくいっていた。つまり、日本人の教育レベルを高く押し上げ、しかも欧米に比べて、少ない数の先生でじつに効率的に教育を行ってきた。そのおかげで日本人の教育水準はどんどん上がり、日本の経済復興もうまくいったのだと評価されてきたわけです。だから学校側も自分たちのやり方に自信をもっていて、「外からいろいろ言われなくても、自分たちに任せておいてくれたらきちんとやりますから」というように強気だったわけです。

ところが、「第三の改革」では、それをすっかり変えなければならない。教育のあり方を根本から変えるぐらいの気持ちが要求されています。今までのあり方を根本的に変えて、外からカウンセラーを導入してみてはどうかとなりました。しかし、これはなかなか大変なことなので、周知のように最初は試験的に行われたわけです。試験的にやってみて、うまくいかなければ仕方がないし、うまくいくようだったら続けようということでした。

私は、スクールカウンセラーが学校に入ることの意義はすごく感じていたのですが、難しさも同時に感じており、正直なところ心配もしていました。ですが、先ほど文部省（現・文部科学省）の中学校課長が触れておられたように、なかなか評判がよく、続けていったほうがよいということで規模も大きくなり、おそらくそのうちに制度化されるのではないかと思っているわけです。

臨床心理学の基礎――個人を大切にする

なぜスクールカウンセラーが「個」の確立に役立つのかといいますと、われわれがやっている臨床心理学は、個人を大切にするということが基礎であり、それを学問の基本にしているからです。ある意味で、これが臨床心理学の最大の特徴かもしれません。

今までの学問は、物理学がそうですけれど、普遍的な知識、普遍的な法則を見いだそうとしてきた。全体を把握し、全体の中での力学――たとえば物同士の間の力の関係――はどうなっているのか、というようなことを考えるのを中心にしてやってきたわけです。物理学が非常に成功したということもあって、その後盛んになってくる社会科学やわれわれのやっている人文科学の分野でも、「人間とは何か」とか、「子どもとは」「老人とは」というように、全体に普遍的なとらえ方をしようとする傾向がありました。

そのなかで、臨床心理学はあえて、「個人を大切にしよう」ということから始めました。それは、普遍性を忘れるのではなくて、個人を大切にすることから見いだせる普遍性というものもあるのではないかと考えたからです。

現場で実際にやっているように、われわれは一人の〝人〟を非常に大事にします。たとえ小学校一年生の子どもでも、「こんにちは」と言って部屋に入ってきて向かい合っているかぎり、この人を大切にします。だから、この子が話をしてくれたことはうっかりほかの人には言えないし、その子のために、私が勝手に親に何か言うとか、あるいは、勝手に先生を呼んでくるとかはしません。まず、その子を一番大事にする。

臨床心理学はそういうことから始まりましたし、カウンセラーはみなその精神を身につけていると思います。あくまで個人を大事にする。こういう姿勢を日本の文化に照らしてみると、これは今までの日本の文化にはなかったものです。日本の文化というのは、「個人」「個」よりも、まず「世間」や「家」というものを大事にしたのです。

家に依存するカルチャー

日本人の家を大事にする考え方は、じつのところ非常に面白いものです。たとえば、河合家なら河合家というものが《ずっとつながっていく》ということの中に個人がいて、たとえ自分が死んでも自分という個人は河合家という墓の中に入り、子孫がずっとお参りしてくれる。われわれ日本人は、そういう永続性の中に生きようとしたわけです。

ところが終戦後アメリカは、日本の家中心主義は個人を壊すものだという理由で、やめさせようとしました。実際われわれは、家のためとあらば自分を捨てねばならないという考え方が強かったのも事実です。だから、われわれの子どものころは、恋愛への評価は非常に低かった。なぜなら恋愛は、下手をすると家の安定を脅かすことにもなりかねないからです。ロミオとジュリエットを見てもわかるように、恋愛をされると親はだいたい困ることが多いので、なるべくしてくれないほうがよく、結婚は家と家とのことを考えてするものだったわけです。

私が子どものころには、自分が上の学校へ行きたいと思っても、親から「ばかなことを言うな。おまえはうちの跡を継ぐんだ。跡を継ぐのに何も大学に行く必要はない」と言われて、上の学校をあきらめてそのまま家業を継いだという例は、実際にたくさんありました。

そのようにして「家」を大事にしていたのを、終戦後アメリカが、それは封建的でいけないからやめてしまいなさいということで憲法が変わり、家を大事にする憲法ではなくなったのです。

それではその後、日本人はみな個人に目覚めて個人的に生きたかというと、そうではありません。日本人は、家の代わりをほかにつくったのです。その最たるものが「企業」です。「大きい会社の中に入っていると大丈夫、自分が死んでも会社が存続するかぎり大丈夫だ」と思ったのです。日本人というのは面白いですね。

だれかが私に「河合さんは何をしておられますか」と聞きますと、「私は電気技師です」とは答えません。「私は三菱です」とか「松下です」と答えます。本当は「河合」ですが、企業名を言うほうが安心なのです。聞いた相手も安心してくれます。つまり、「家」という傘の中に入っているかいないかは、日本人にとって非常に大事なことだったのです。だから、日本人はみな会社に入って、会社のために必死になって頑張ったわけです。会社が栄えると自分はその会社の歴史の中に入り込んで、ずっと存在しつづけていられるからです。

「もう家なんていやだ」というので家を飛び出して東京へ行き、自分は作家になって筆一本で生きるんだと言う人でも、だんだん有名になると文壇に入って、だれかの派に属します。そこに代わりの家をつくっているのです。よほどの人でないかぎり、なんらかの〝家〟に入っていると思います。

自分は家を出たつもりでも、実際にはほかの家に入っているだけの話で、日本人は、なんのかんの言いながら、なんらかの家に入っていることが非常に多い。こういうなかで、「私」「個」というものを生きるというのは、たいへんに難しいことです。

ついでながら、《私が生きていく》《個人が生きていく》ということを最も鮮明に打ち出してきたキリスト教国では、「個」というものは神とつながっています。唯一の神との緊張関係の中で、「個」というものをつくり出してきたわけです。これが日本人にはすごくわかりにくい。日本人のカルチャーはそうではなくて、やはり「家」というものが中心にあり、われわれ日本人は、その中で生きてきたのです。

「個」を育む必要性

ところが、今は企業に入って一生懸命尽くしても、途中でリストラされるかもわからない。あるいは六五歳の定年まで頑張って働いたとしても、その後会社を辞めて長い間生きねばなりません。ただの一人の人間になってから二〇年も生きるのは大変なことです。定年後いつまで経っても「私は松下だ」とばかり言っていたら嫌われるだけです。そのときに一人の人間として生きていけるかどうかです。今は急激にいろいろなことが変わってきましたから、個人が個人として生きるということが非常に大事になってきています。

そこで、子どものときから、人が一人の個人として生きていくということを大事にする教育が必要となります。このごろは「個性を尊重する」とか、あるいは「個を育む」とか言うようになりました。「育む」という読みがわからないとか、意味がわからないと言う人がいますが、「はぐくむ」と読みます。カウンセラーであるかぎりは知っておいてほしいことです。

日本語はうまくできていまして、「教育」という言葉は「教える」ほうと「育む」ほうと二つで「教育」という言葉になっています。ですが、日本の先生には、「教える」のが好きな人は非常に多いのですが、「育む」ほうを忘れている人が多いように思います。私は学校の先生に話をするときに、「先生方には『教師』という名前がつけられていますが、『育師』はめったにいないのではないですか」とよく冷やかします。そして、「カウンセラーは『育師』のほうなのです」という言い方をよくしています。

追いつき追い越せ型の教育

追いつき追い越せ型教育は、学校の先生に責任があるのではなくて、日本の文化自体がそうなのです。明治維新のときでも敗戦のときでも、日本よりもすごい国がほかにあるから、一番大事なことはそれに追いついて追い越さねばならないと、それを第一命題としたのです。ですから、あらかじめ答えがあるわけです。アメリカ、スイス、イギリスは正しい知識をもっているから、その知識を早くみんなに教えて、覚えてもらわねば困るというので、教員は〝教える〟ことをもっぱらにしたわけです。

大学の先生は本来研究が本分なのですから、大学院の学生と一緒に新しいことを見いだしていくべきなのですが、日本の大学ではどうしても、先生がどこかで新しい知識を吸収してきて、横文字のものを素早く縦にしてみんなに話をする。ときどき横文字の言葉を入れると格好いいですから随所に入れて、それで、「こういうのはわからんだろう」とか自慢しながら教えると、習うほうも熱心に習う。そのパターンがしっかり確立してしまった。つまり、〝追いつき追い越せ型〟が確立したのです。

それが成功して日本はすごいところまで来たのです。これは、今までの日本の教育が悪いと言っているのではありません。今までの日本のやり方は、今まではよかったのです。ところが、ここで変えねばならなくなった。それがなかなか難しいことです。

たしか、小渕総理のわれわれに対する言葉の中にもあったと思います。「日本をよくしてきたこと、そのことが今足かせになっている」という表現です。これは言いえて妙です。つまり、日本の教師は非常に上手に教えて、上手にみんなを進級させていく。この方法が今足かせになっているのです。そういうやり方は一度やめて、教える一辺倒ではなくて、個人を育む教育を行うように考えを変えていかねばならないということです。

カウンセラーの待ちの姿勢

それはどういうことかというと、私のもっている正しい答えを早く、上手に子どもに伝えるというのをやめて、この子はいったい何を考えているのだろうか、この子はいったい何をやりたがっているのだろうという側へ主導権を渡すということなのです。

これは考えてみると、われわれがカウンセリングで一番やろうとしていることだといえます。実際に、学校へ行っていない子に会ったとき、われわれは「早く行かないとだめだよ」という言い方はしません。なぜわれわれの態度が違うのかというと、学校へ行っているかいないかということよりも、その子が今何を考え、そこから何をしようとしているのかということのほうを大事にしようと思っているからです。だから、「学校へ行っていない」と言われても、「はあ、そうですか」と聞いているだけで、次に出てくるものを待っているのです。

〝育む〟ためには待っていなくてはならない。こちらから何かを教えようということは捨てて、相手から出てくるものを待とうという姿勢、これがわれわれカウンセラーにとって非常に大事なことです。われわれがそういう気持ちでいると、やがて子どもが、「学校へ行っても面白くない」とか、「なぜか知らないけど学校へ行けない」とか、いろいろなことを言いだします。「もう生きていても仕方がない」とか、「家にいるのがいやで仕方がない」と言う子もいます。

普通はそういうことを言うと叱られます。また「そんなこと言わないで頑張りなさい」と言われます。しかし、われわれはそういうことに対して何か言おうとせずに、ひたすら聞こうとする。われわれが待っていることがわかると、そういう人たちはぽつぽつと自分の気持ちを表現してくれるようになります。

大事なことは、そういう表現をしても大丈夫ですよという人間関係ができなければ、そういう表現は出てこないということです。これを間違える先生がおられます。われわれが「カウンセリングで子どもに自由に話をしてもらうのが大切なんです」と言うと、現場の先生のなかには「わかりました。私もやってみましょう」と、学校へ来ていない子がいると、「君、自由に話をしなさい」とだけ言ってじーっと見つめている。子どもは震えてものが言えなくなります。

先生のほうからすれば「せっかく自由にものを言えと言っているのに」となりますが、「自由にものを言いなさい」と言われたからといって、すぐに言えるものではありません。こちらの態度によって、自然に相手から流れ出てくるものなのです。これが個性を育むうえで非常に大事なことで、正解を早く教えるといったこととはまったく違う態度です。

そういうことをすると、いろいろな表現が出てきます。なかには、極端なことを言う子の場合、「うちの親父はいやだから、いっぺん殴り倒してやりたい」とか言います。私がもったケースにもよくありました。高校生で全然元気のない子でしたが、どんどん元気が出てきて、やがて先生の悪口を言いだし、「あの先公、今日はやってやる」とか、「今日は待ち伏せして殴ります」とか言いだします。そんなふうに言われても、われわれは黙って聞いている。それをしっかりと聞ける人間でなければなりません。

すると、また間違う人がいまして、「そうですか。全部吐き出したらいいんですね。どんどん吐き出したら、その子がむちゃくちゃしなくなるんですね」と言われたりしますが、われわれがやっているのは、そういうことではありません。吐き出すだけでいいのであれば、昔、企業でやっていましたように、ワラ人形なんかを置いておいて、「社長のばか」とか言って、ワラ人形をばんばん殴ってすっとしたというようなことをすればいい。ですが、われわれはそんなことをやっているわけではないのです。

生きた人間同士の相互作用

それでは何をやっているのかというと、そういうように言っていることを、生きた人間が聞いているということです。これは人形とは全然違うのです。もし言いたいことを思い切り吐き出して治るのであれば、カウンセラーはいりません。「ふんふんロボット」というのをつくればいいのです。「学校へ行っていないんです」と言うと、「ふんふん」とか受け応えをするロボットです。このごろはロボット技術が発達していますから、同じ「ふんふん」でも時に短く時に長くできると思うのです。しかし、ロボットがただ「ふんふん」と返事をするのではなくて、《生きている人間が聞いている》ということ、これが本当に計り難くすごいことなのです。

日本人の個性が大事だということは、今言ったように〝個性を語ろうとしている人〟の前に、〝個性をもった人間〟が座っているから意味をもつのです。これを決して忘れてはなりません。それは、単に《聞いている》というのではありません。先ほど言いましたが、ある生徒が「あの先公、今日はやってやる」と言ったときに、「ふーん」と聞いておいて、後で実際やったのを聞いて、「ああ、やったなあ」というようなことでは絶対にだめなのです。

一番危ないときには、自殺、他殺というふうに実際に人命が関係してきます。命が関係するところまでいかなくても、殴る、蹴る、火をつけるなど、相当なことが起こってきます。そのとき、生きた人間としてそういうことを聞いて、私はいったいどうするのか。そこで人間と人間がはっきりと対峙します。ここに何かが起こってくるわけです。

彼は私に思いのたけを語っている、そして私は生きた人間としてそれを聞いている。すると、そこに相互作用が起こってきます。私は今でも思い出しますが、ある大学生が父親の悪口を言っているうちにすごく興奮して、「あんな親父は死んだほうがましだ！」と言いました。私が「うんうん」と聞いていますと、少し沈黙して、しばらく経ってから、「学資は親父が出しているんですけれど」と言いました。「はあ、学資はお父さんが出しているんですね」と私が繰り返しました。つまり、「あんな親父は死んだほうがましだ！」というひとことを言ってから、いろいろ思い出したのです。〝親父はいろいろやってくれている〟という思いと、〝親父は死ね〟という思いの、二つが同時に出てきたわけです。

葛藤が人間を変える

この二つが出てくるから人間というものは変わるのです。葛藤がなければ人間は変化しません。そして、カウンセリングというのは、この《葛藤が生じて新しいものが生まれる》ということをやっているのであって、ただ言いたいことを吐き出してもらっているのではありません。

たとえば電気の場合、圧力が高まると勢いよく放電しますが、それだけなら、ただやかましいだけです。ところが、その電気の抵抗を熱として利用すると電気ゴタツになるし、光に換えると照明にもなる。つまり、電圧が何かに当たって、次のものをつくる。その《当たってつくる》ところにカウンセラーは座っているのだという自覚がすごく必要です。ただ、放電のためにぽーっといるだけではないということです。

実際、何か事が起こったときに、止めたほうがいいのか、止めないほうがいいのか、すごく迷うと思います。早く止め過ぎてしまうと、せっかくの機会を生かせなくなるかもしれないし、かといって、ぐっと待ち過ぎて爆発してしまったのでは元も子もありません。そういうぎりぎりのところにいるのがカウンセラーであり、そういうなかで仕事ができるからこそカウンセラーになっているのだともいえます。

ですから、これは普通の人にはできません。よほど専門的に訓練された者でないとできないと私は思っています。だからこそ、みなさん、すごい訓練を受けてこられたのだと思います。それからさらにいえば、われわれの訓練に終わりはないということです。これはスポーツマンと一緒です。

「人よりはある程度うまい」とは言えるけれど、「俺は絶対にすごい」とは言えないのです。

トスカニーニという指揮者がいますが、トスカニーニが言った有名な言葉があります。「私はどう考えても自分自身をよい指揮者だとは思わない。しかし、ほかの人と比べれば絶対に一流だ」と言いました。これは面白いですね。ほかと比べたら絶対に一流だが、自分で考えると、いくら考えても、まだまだよい指揮者とは言えない。

これは、カウンセラーも同じです。自分で自分を「よいカウンセラーだ」と言える人はあまりいないと思います。あれもやらなければ、これもやらなければとなるからです。だから、「ほかの何も練習していない人とか何も訓練を受けていない人に比べたら、私はスクールカウンセラーとして一流だと思う。スクールカウンセラーとしてかなりですよ」とは言えても、「スクールカウンセラーとして非常に立派なカウンセラーです」とまではなかなか言えない。まだまだしなくてはならないことがある。専門家とはそういうものだと思います。

一人ひとりへの対応には創造性が必要

ほかの人よりは自分がやったほうがよりよくできるかもしれない。かといって、絶対に自分がよいとは言えない――これはなぜかというと、そこにいつも「クリエイション（creation）」つまり「創造性」ということが入ってくるからです。個性が一人ひとり全部違うということは、誰一人同じ対応ができないということです。

これもときどき間違う人がいましまして、「ああ、夜尿ですか。私も夜尿の子をやりましたから」と、同じ対応ができるように言われることがありますが、そういうことは成り立たない。Aという夜尿の子と、Bという夜尿の子は、夜尿が同じだけでほかはまったく違うからです。

私がある吃音の人のカウンセリングをしていたときのことです。五回目ぐらいのときに、その人が「先生は、吃音の人のカウンセリングを今までにしたことがあるんですか」と聞かれました。「ありますよ」と言うと、「あるんだったら、どうしたらいいか、もうちょっと言ってください。今までに会った吃音の人が治ったんだったら、こうしたら治るああしたら治るとわかっているはずなのに、先生は話を聞いているばっかりでどうしたらいいか何も言わないじゃないですか。たくさん経験があるのなら、どうしたらいいか教えてください」と言われました。それで私は、「吃音の人にはたくさん会いましたよ。しかし、吃音である〝あなた〟という人には、私は生まれて初めて会っているんです」と言いました。

つまり、一つの個性をもった人間としてのその人とは、生まれて初めて会っているのです。まったく生まれて初めての、新しいことをやっているのです。だから、「吃音の人はこうしたら治る」、「不登校の子はこうしたら学校へ行く」、というようなことは言えないのです。

いろいろな生き方があって、無理をして学校へ行くことがよいのか悪いのかは、わからないことです。われわれは一人ひとり全部違う人を前にして、その一人ひとりの人に対峙しようとしているわけですから、そこには必ず「創造性」、つまり「クリエイション」が入ってくる。だから、われわれはこのことをよほど銘記していないと、そういうときにしっかりとした対応ができないことになります。

マニュアルどおりにはいかない――専門家の必要性

これは日本人というよりは近代人といったほうがよいのですが、近代人の陥りやすい欠点は、あまりにも科学技術に偏って、マニュアルどおりにすればよい結果が出るということに慣らされすぎているることです。上手なよい方法があって、よいマニュアルがある、というふうにどうしても考えてしまいがちです。

しかし、個性を扱うということは、マニュアルに依存できないと思ってもらったほうがよいのです。ラジオの修繕であれば、マニュアルが使えます。具合が悪いところを特定して、それをマニュアルに従って直せばよいのです。ところが、人間はマニュアルどおりにはいかない。一人ひとり全部違うからです。

では、カウンセリングは一人ひとり違うから一発勝負で何も方法がないのかというと、そうではありません。やはりみな人間だという意味では、人間共通のある程度のことはわかっていないといけない。ですから、そうしたことはきちんと学問として習います。臨床心理学の講義で習いますし、人格心理学でも習うし、青年心理学でも習います。しかし、それはあくまで人間というものはある程度はそうだということ以上ではないのです。

今ここにカウンセリングに来た人は、一個の個性をもった個人として前に座っています。だから、カウンセラーが自分の知っている理論をその人に当てはめようと考えだしたら、全然話になりません。ここが難しいところです。勉強して身につけた理論はいろいろ役には立つけれど、理論どおりに話は進まないというところに非常な難しさがあります。

先ほども言いましたが、これは日本人というよりむしろ、近代人はどうしてもマニュアル志向が強すぎるので、カウンセリングもマニュアルでできそうに思い、それに頼ろうとします。しかし、カウンセリングは根本的にはそれができない。だからこそ、わざわざ〝人〟が必要であり、それを「専門家」と言っているのだと、私は思います。

つまり、マニュアルどおりにだれにでもできることなら、専門家は必要ありません。専門家というのは、個々の場合に個々にふさわしい的確な判断と行動をとれるから、専門家といわれているのです。

そういう意味では、学校の先生も専門家だと私は思っています。私も教師でしたし、じつは、一生高校の教師をしようと思っていたぐらいです。教師というのがすごく好きで、いろいろ工夫したり考えたりしました。そして、やはりこれ（教師）は専門家だと思いました。自分でもその自負がありました。どういう自負かといいますと、たとえば、数学の法則をできるだけたくさんの高校生にうまく教えることはそう簡単ではありませんが、私が教えたらものすごくうまくいくのではないか、という自負です。これは、やはり専門家でないとできない。

ですが、そのような一定の知識を多くの者に教える専門家であるということと、個人の個性だけを大事に見るということとを、同時にやれと言われても無理な話なのです。

「一蓮托生《いちれんたくしょう》」——日本文化の特徴

アメリカの教師に比べると、日本の教師はこの非常に難しいことをやっておられるのです。アメリカの教師は教えることにかけては本当に専門家です。そして、教えること以外はカウンセラーに任せようという態度が強いです。ところが日本人は、あるいは日本文化というのは、家や世間にとらわれていますから、何かあるとみな〝一蓮托生〟ということになるわけです。これは日本文化の特徴です。

あるカトリックの結婚式に行ったときに、神父さんが説教で「夫婦は一蓮托生です」と言われたので、びっくりしたことがあります。「一蓮托生」というのは仏教で使われる用語ですからね。キリストが蓮の上に載っているのかと思ってびっくりしたわけです。これは、カトリックの神父であっても、日本人には知らぬ間にそういうことがしみこんでいるということなのです。だから、学校でいったん自分が担任になったら、これはもうこのクラスと自分は一蓮托生だと思う。ですから、「蓮の上に、変なのは来てくれるな。カウンセラーなど来るな」となる。これが日本文化です。

これまではそれでうまくいっていたのです。何度も言いますが、最近まではそれでうまくいっていた。しかし、それがうまくいかなくなったのは、今という時代の認識が変化したためです。つまり、「みんな一緒に上手に教えよう」とか、「みんな一緒に世間のことを気にしながら、あまりばかなことをしないでいきましょう」というようなやり方は、もう通用しなくなったのです。なぜなら、一人ひとりの人間、一人ひとりの子どもが、「もっと自分というものをつくり上げていきたい」「自分を高めていきたい」というように変わってきたからです。

そうなると、先生が一人で学科も教えるし、生徒一人ひとりに対峙もする、というようなことは非常に難しくなってきます。ある程度はできます。ですから、実際、先生方は両方やっておられるわけですが、なかに特別な子がいたりすると、なかなかうまくいかない。これは当たり前のことです。ですが、「それなら、カウンセラーが会いましょう」というときに、われわれカウンセラーは、こういう日本の文化に対する配慮というのを忘れてはなりません。日本という国の中で、やっているわけですからね。

日本文化を背負いつつ、日本文化になかったことをする

私は「日本文化は正しい」ということを言っているのではなくて、われわれは日本人として生きていますから、カウンセラーが何の気なしにしていることが、担任の先生にとっては非常に不愉快かもしれないということをわかっている必要がある、と言っているのです。また、カウンセラーとしてこの子どもの個性を守るために頑張ろうと思ってしていることが、お父さんやお母さんには、かえって不愉快かもしれない。あるいは、校長先生は怒っておられるかもしれません。だからといって「それならやめておこう」というのではなくて、それを配慮しながらやる、ということが大事なのです。

スクールカウンセラーであればだれしも経験することですが、一生懸命子どもと話をしてうまくいっているなと思っていると担任の先生が、「あの子に会われたそうですね。いったいどうなって

いるんですか?」と聞きに来られる。子どもとの秘密は守らなければいけない。そうかといって、「カウンセラーですから、秘密は守ります」とばかり言っていると、担任の先生とのあいだに差しさわりが生じる。しかし、担任の先生にサービスして子どものことを言ってしまうと、子どもの秘密を守れていないので失敗する、というようなことが起こってきます。

われわれは今、これまでの日本の文化にはなかったことを行う使命をもって学校へ行っています。かといって、われわれは日本文化を破壊するために送られているスパイではありません。ここが大事なところです。実際、これを行うのは非常に難しいことです。

それからもっと大事なことは、われわれカウンセラーも日本人だということです。なんだかんだ言っても、いざとなると、「顔が立たない」とか「一蓮托生だ」と思ったりします。だから、われわれ自身もそうだということを忘れてはならないのです。

カウンセラーになった人はやはり自分自身を知り、自分の個性を知り、自分の個を鍛えることです。これをさぼっては話になりません。そしてこれは、一生続く仕事です。われわれは、自分を知り自分を鍛えるなかでこの仕事をさせてもらっているのです。ありがたいことに、カウンセラーという仕事をしていることによって自分がわかり、カウンセラーという仕事をしていることによって日本文化がわかる、ということが多いと思います。それを続けてほしいと思います。そして、そのなかで個性を大事にする。

日本は今まで、何となく〝一緒にやってきた〟のですが、われわれは今、そういう日本文化と違うことをしているのです。しかし、日本文化と決別して新しいものをつくろうとしているのではないということも忘れないでください。われわれはやはり日本人なのです。日本文化をどこかで背負っているのです。

「甘え」の文化

そして、「日本文化が悪い」とは絶対にいえません。陥りやすい失敗を一例挙げますと、日本文化の特徴として誰もが思いつくのは「甘え」ではないかと思います。「日本人は甘えがすぎる」「あいつはどうも、甘えているからだめだ」と、われわれも人を非難するときによく言います。そして、強い個人をつくるために甘えをなくそうと、甘えを否定することがよいと考えがちですが、この考え方は間違いです。

これは「甘え」理論の提唱者の土居健郎さんが書いておられました。「甘えの大事さをもっと認識してほしい」と。そして、「甘えは自立の基礎である」と表現していました。甘えがあるから自立できるのですが、べたべたに甘えていたら自立ができるかというと、そうではありません。ここのところが難しいのです。甘えを基本にしながら自立していくのだから、基礎にはなっているけれど、甘えは多いほどよいということではない。日本人は甘えすぎて失敗している人が多いのです。

しかし、甘えは日本文化を考えるキーワードとなるものです。土居さんが言及しているように、甘えはむしろ自立の基礎になっているのだから、なければ困る。われわれもきちんとそこに注目しなくてはならない。日本の家庭、学校、社会の中で、甘えはどの程度にあったほうがよいのか。また、われわれはそれをどう考えているのか、というところまで考えないといけない。

「自立することが大事だから、できるかぎり甘えのない人間をつくろうとしている」と言う人がいますが、そういう人はみな失敗しています。最近の親にそういう人が多いです。頭だけで考えて子どもを自立させようとするから、土居さんが言われるような自立の基礎の甘えを保証しない。だから、子どもはどうしても自立ができない、ということが起こっているように思います。

葛藤保持力

カウンセリング・ルームの中でわれわれカウンセラーにとって何が大事かというと、甘えがあることがやはり大事になってきます。そうかといって、「カウンセリング・ルーム」＝「甘えの場所」になってしまってはむちゃくちゃになります。

実際、養護の先生の保健室がときどきそういう甘えの場所になって非常に困っているということがあります。養護の先生が優しいので、みんなが保健室にやって来る。それはいいのですが、そこに悪い者ばかりがたむろするようになると、校長先生やほかの先生の気分を損ねることになります。養護の先生は「この子たちは、ここへ来なければどうなるんですか」と言うわけですが、そこへカウンセラーが入っていくと、カウンセラーは養護教諭と普通の先生との間に入って、いったいどうするのかという問題も出てきます。

われわれは、そういうことをよく体験します。その際に大事なことは、われわれが葛藤を保持できる力（葛藤保持力）をどのくらいもっているかということです。実際に学校へ行くと、養護の先生は「私が保健室であるいう子を守ってやらなければ、あの子たちはどこへ行くのですか。家庭へ帰っても居場所がない。教室に行っても居場所がない。保健室だけが居場所になっているのです」と言われる。確かにそのとおりなのです。

ところが、校長に言わせると、「どうもうちの学校に変な場所がある。あそこは悪の集積場だ」と。「あそこさえなくなれば、当校は健康になるはずだ」と言うのを聞くと、なるほどそうだなと思います。ところがまた、ある親と話してみると、「うちの子はあそこで助かっている」と言うかもしれません。またある先生は、「あの保健の先生さえいなかったら、うちの学校は健康でうまくいくのに」と言うかもしれません。そういうのを全部聞いて、全部なるほどと思うのがカウンセラーなのです。

全体を見通す才能

そんなふうにして話を聞いているうちに、みんなが話し合いをして、「カウンセラーはいったい何なんだ。あれは何もしないで『なるほど』と言っているだけだ。あいつが辞めたらうちはうまくいくのではないか」となって辞めさせられるとしたら、これはカウンセラーが失敗しているのです。どこが失敗しているかというと、そういうカウンセラーは〝葛藤保持力〟が弱いのです。やはり全部をきちんと把握している場合は、こっちに「なるほど」、あっちに「なるほど」と言っていても、みなそう言いながらだんだん変わっていきます。この変わっていく、というのが面白いところです。

はじめは、来るなり「まあ、カウンセラーの先生、聞いてくださいよ」と言って、保健室の悪口ばかり言っていた人が、「いやあ、○○君もあれで救われているかもわかりませんな」と言うようになってきます。それは、人間と人間が会話をするからです。これは後でも言いますが、言語で表現して通じることのすごさです。

聞いてもらって、一度言葉に表してみると、そのことを〝客観化〟できる、あるいは、そのことを〝相対化〟できるようになります。それをしない間は〝絶対〟ということになっているのです。「悪いのは、絶対に養護の先生以外にはいない」ということになる。養護の先生のほうでも、「この学校が絶対に悪い」と考える。そう思うと自分が楽だからです。みな〝絶対〟と言うばかりで、互いに相手の言うことを聞く耳をもちません。

ところが、カウンセラーに自分の考えを聞いてもらうと、〝絶対〟と思っていたことを〝相対化〟できるようになります。相対化できた後でふと見ると、案外いいところがあると思います。また、養護の先生も、自分ばかり抱え込まなくても、担任の先生で話がわかる人がいると思えるようになってきて、みんなの中に少しずつ相対化が始まります。それまで堅固で動かなかったものがじわじわと動いていくのです。

先ほど〝葛藤保持力〟ということを言いましたが、カウンセラーというのは全体を見通す才能がいります。大きく全体が見えていないといけない。「ここの学校で問題は校長だ」などと言うのは簡単です。なぜなら、「問題はだれそれにある」と言った途端に自分には責任がなくなるからです。「だれそれが悪い」と言うのは、要するに、「自分は悪くない」と言いたいのです。

カウンセラーはそういうときに、だれそれが悪いからやっつけろという仕事をしているのではなくて、全体として問題がどう絡まっているのかを見るのです。その全体の絡まりの中で、みんながどうにもならない心の葛藤を抱えている。その中にカウンセラーがいて、それら全部を聞かせてもらう。そういうことをやっていると、霧が晴れるように少しずつ変わっていくのです。

このように、全体がうっすらと変わっていく姿が見えだすと、われわれの仕事は非常に面白くなります。ちらっちらっと変わっていく。もちろん悪いほうに変わるときもあります。そのときは、「悪くなっているな」と思いながら、「どこで晴れるか。自分も頑張らなくっちゃ」と思ってやっていかないといけない。その辺の全体的な読みというのはすごく大事だと思います。

言葉での表現が求められるとき

自分を相対化する、あるいは客観化するときには、言葉で表現されると言いましたが、日本文化はこれまであまり言葉による表現を喜ばなかったといえます。言葉でいわずに「以心伝心」というのが大好きでした。夫婦もべちゃべちゃしゃべっているのはだめで、「うん」と言えば「あー」とわかる、言わなくてもわかるというのが理想像だったのです。

だから、親子の間でも、夫婦の間でも、どういう間でも、どうしても言葉が少ない。言葉で言わなくても通じているということを喜んでいたのです。しかし、だんだんカルチャーが変わってきました。われわれが日本的な家の中に包まれている場合は、全部一緒にやっているので、あまりものを言わなくてもよかった。ところが、包まれているのではなくて、一人ひとりが自分をつくりながら、しかも、間に公というものをつくっていこうとすると、言葉で表現するしかない。

今は日本文化の中で、前よりももっと言語表現を大事にしなくてはならないということがあります。そういう意味で、カウンセラーは言葉で話されることをよく理解して、そして、自分もある程度は言葉で表現できなければなりません。

これは、非常に大事なことです。そして、実際の場にあっては、みなやっていることだと思います。葛藤保持力が問われる状況の中では、必ず父親と母親の葛藤とか、担任と校長の葛藤とかが出てきます。そのときに、その葛藤の相手を、「くそっ、憎らしいやつだ」と恨んでいるだけではなくて、言葉で表現してもらう。お互いに言葉で言ってもらうと了解がつくことが多いものです。

子どもに会っていて、子どもに会うだけが大事ではなくて、「すみませんが、お父さん、お母さんもちょっといっぺん来てもらえますか」と言って会うと、お父さんとお母さんがわれわれの前で喧嘩をすることがよくあります。それは喧嘩のように見えますが、初めて言語的コミュニケーションを行っているのです。

やって来た父親が、「私は、子どものことを思っていろいろとやっているんですが、妻のほうがもうひとつ熱心じゃなくて、そこでちょっとニコッとしてやれば子どもは喜ぶだろうと思うときに、つんつんしているんですよ。ねえ、おまえ」と、こっちを向いたりあっちを向いたりして、私に言っているのか奥さんに言っているのかわからない。奥さんのほうも、「私はちゃんと思っているんですが、この人がだいたい帰りが遅いので……」と言います。じつは、私（＝カウンセラー）という人間を通して夫婦の間に会話が交わされているのです。

会話と言っていますけれど、これはほとんどの場合、ある程度の対決を含んでいます。ところが、日本の文化というのは対決が嫌いな文化なのです。なるべく対決せずに、「まあまあ」と言っているうちに、まあまあ収まるというのが特徴です。

カウンセラーの新しい役割

私は『源氏物語』などの物語が好きで、平安時代の物語はほとんど読みました。いろいろな物語があります。『狭衣物語《さごろもものがたり》』『落窪物語《おちくぼものがたり》』などいろいろ読んで、びっくりするのは、殺人事件が一つもないことです。『源氏物語』の中ではよく恋のさや当てがありますが、そのなかで、だれかがだれかを恨んで殺したとか、殴ったとかは絶対にないのです。少しぐらい石を放ったりするのはありますが、殺しはありません。すごいことではないでしょうか。

英国のシェークスピア劇を観ていて、劇中で殺人はやめてほしいということになれば、まるで迫力がないものになってしまいます。ハムレットが、なるべくお父さんを殺さないようにしようとか言っていると、だんだん迫力がなくなる。『リチャード三世』を観ると、人を殺して殺しまくります。どんどん人が殺されて、そして、変わっていく。これはなぜかというと、真っ向から当たって、勝った！　負けた！　というのがはっきりとしないと次が出てこないからです。西洋はそういうカルチャーなのです。

一方、「いやいや、まあまあ」と言っているうちに、ちゃんと変わっていくのだというカルチャーで、われわれ日本人は来ているわけです。私は、西洋のほうがすごくて日本がだめだという気はありません。日本もすごいなと思います。実際、物語を読んでいると、日本人はすごい知恵をもっていると思います。

はっきりわかっていることは、ここまで国際化が激しくなった時代には、日本的方法だけでは通用しないということです。ビジネスマンや外交官が外国に出て、日本的方法だけで通そうとしても絶対に通用しません。

今は戦いといっても、武力を使わずに頑張ろうとするわけですから、そのときには言葉の戦いがあります。言葉の戦いのときに、言いたいことをきっちり言える、表現できる人間をつくらねばならない。これは、われわれがカウンセリングの中で行っていることではないでしょうか。私は本当にそう思います。

子どもが何をやったかということを通じて、家族の中に対話と対決が起こる。そういう場合が、多々あります。そのなかで、一度、喧嘩や騒ぎがあって、そこを乗り越えると「雨降って地固まる」ということがよくあります。その「雨降って地固まる」はずの対決を避けて、みんなが辛抱しながら、外から見れば平和で、心の中がむしゃくしゃしているというのは日本の家庭に多いです。

横から見ていると、あんまり喧嘩は起こっていないようでも、みんなむしゃくしゃして生きている。あるいは、家庭内離婚といわれますが、そういう家が少なくありません。そういうところで、もっと言葉で表現して、それを乗り越えていくために、われわれカウンセラーがいる。これはやはり、日本文化の中ですごく新しい役割だと思います。

表現力を鍛える

そこで大事なのは、そうしたなかで自分はどのように言葉で表現できているだろうか、あるいは、言えるだろうか、ということをよく考えることです。また、どのぐらいのボキャブラリーをもっているだろうか、ボキャブラリーが貧困ではないかというようなことも、考える必要があります。ボキャブラリーだけではありません。ちょっとしたものの言い方にしても、こちらから言うのか、あるいは違った側面から言うのかでずいぶん違います。また、みんなが柔らかい言葉を使っているときに、一人だけでも真正面からはっきり言わなければならないという場合、絶対それをやるという力がなかったら、カウンセラーは務まらないと思います。

カウンセラーが言葉を鍛えるという意味では、私はやはり文学作品を読んでほしいと思います。文学者はやはりすごいです。あらゆる場合に、あらゆるところで、会話であったり、文章であったりをつくっているわけです。そのなかで、日本人特有のすごくうまく対決を避けて生きる方法と、まったく逆に、真っ正面から戦いを挑んで変えていく方法との両方がうまく表現されています。

われわれはその両方を知ったうえで、それをカウンセリングの場面の中で生かしていく。そうでなければ日本文化の中にどっぷり浸かってしまい、先ほどから言っているような、相対化して乗り越えていくということが起こりません。それが可能なように自分を鍛えていくということが大事だと思います。

いろいろなことを述べましたが、日本の文化を考えつつ、この文化および日本人が変わらねばならないと思うわけです。そのために「個」の確立が大事だということを言ったわけですが、それをやっていくカウンセラーの「個」はいかに確立しているのか。われわれカウンセラーにとっての問題は、そのことに尽きるのではないかと思います。

そして自分自身が、そういう「個」の確立した人間として、人に、子どもたちに会っているのか。あるいは、先生たちにお会いしているのか。こうしたことをたえず反省することによって、われわれのこの制度も生きてくるのではないかと思います。

第三の改革を行っていくうえで、スクールカウンセラーの果たす役割は非常に重要ではないかと、私は考えております。

（第四回学校臨床心理士全国研修会講演、一九九九）

揺れる学校とスクールカウンセラー

「揺れる」という言葉の二つの意味

今日の表題は「揺れる学校とスクールカウンセラー」という題でありますが、この「揺れる」という言葉には二重の意味がこめられているようです。最近は思春期の人の凶悪犯罪が増えてきて、中学校でも先生方がずいぶん苦労しておられます。ちょっとしたことですぐに殴りかかってくるというような状況で、学校が揺れているという意味が一つです。

もう一つは、揺れの中から新しいものが出てくる、あるいは二一世紀という新しい世紀に向かって胎動しているというプラスの意味です。「揺れる」という言葉の中に、この両方の意味が入っていると思います。

新聞を読んでいますと、どうしても今述べたうちのマイナスの記事のほうが多いように思います。殺人があったとか暴力事件があったとかいうようなことが多く、また、学級崩壊という言葉もずいぶん知れわたっています。

しかし実際に学校へ行ってみますと、学校は荒れているばかりではなくて、非常に真剣に勉強に打ち込んだり、しっかり人生のことを考えたりしている中学生や高校生もたくさんいます。私は新聞社の人に、「マイナスのことばかり書かずにプラスのことも書いてください。われわれが接している中学生、高校生には、なかなかしっかりした子がいますよ」とよく言っています。

新聞社によると、そういうことは一番書きにくいのだそうです。「近所にしっかりした子どもがいます」と書いてもだれも読んでくれない。ところが「近所で中学生が親を殺した」と書くと、みんな読みます。だから、よいことというのは書きにくいというのです。しかし、そういうことをコラムなどに上手に取り上げて、学校がきちんとやっていることも書いてほしいと私は言っています。カウンセラーとして学校に行っている人たちも、そういう子どもたちがたくさんいることを、工夫してできるだけ発表するようにしてほしいと思います。

あらゆる〝ヴォイス（声）〟を聞くのがカウンセラー

そういうなかで、ある大阪府のカウンセラーの方が書かれたものを、たしか新聞で読みました。中学校へスクールカウンセラーとして行くと、このごろの中学生は昔のようにカウンセリングということに抵抗がないので、カウンセラーと話をしにどんどん来てくれるという感じのようです。

その子たちが、「カウンセリング・ルーム」というような名前はやめて、もっといい名前をつけたほうがいい。だれでも来られ、だれでも話ができるような名前にしたらいいというので、そのスクールカウンセラーの方が「どういう名前をつけたらいい？」と聞きますと、みんなでさんざん考えて、「ヴォイス（声）」という名前にしたそうです。

そこは声がいっぱい満ちているところで、それをカウンセラーが全部聞いてくれる。あらゆるヴォイスを聞く役割がカウンセラーだからです。〝どんなヴォイスを出してもよい所〟という意味で、そのルームは「ヴォイス」という名前になったようです。

その次がまたよいのです。中学生がそのスクールカウンセラーに、「先生、〝ヴォイス〟というのは人間の声だけじゃないよ。ヴォイスのなかには風の音も入っているし、小川のせせらぎも入っているんだ。そういうのを全部聞かないとカウンセラーじゃない」と言ったというのです。中学生のほうがカウンセリングの専門性についてなかなかよく知っているなと思います。それを読んで、今の中学生はセンスがいいなと思いました。そういうことはなかなかうまく言えないものだからです。

実際、カウンセラーは全部の声を聞いています。ただ、その中学生が風の音も聞かねばならないと言ったのは、スクールカウンセラーに「先生、そこに座って風の音も聞いて」という意味ではないと思います。中学生のヴォイスというのは、その声の後ろに風の音や小川のせせらぎ、あるいは、爆発音も入っているかもしれません。そういうものも全部聞いてくれということだと思うのです。

うまく言えないけれど、いろいろと言っているその背後にある声にも耳を傾けないとカウンセラーではないよ、と言ったのだと思うのです。そういうことを非常にうまく表現していると思います。

『みみをすます』

私の非常に好きな詩に、まさにカウンセラーのために書かれたのではないかと思うような詩があります。それで、あちこちでよく朗読しているのですが、カウンセラーの人に向けて朗読するのは今日が初めてです。

谷川俊太郎さんのつくられた「みみをすます」(『みみをすます』福音館書店、一九八二)という詩です。まさにヴォイスを聞く、という内容の詩です。ある集まりでこの詩を朗読したことがあります、私は関西人ですから関西弁で朗読しました。そのときちょうど、谷川さんが聞きに来ておられたので、「谷川さん、関西弁の朗読でもよかったですか」と言いますと、「非常によかったですよ。私が認定してあげます」と言われて、資格認定協会ではありませんが、「『みみをすます』朗読者公式認定第1号　河合隼雄様　一九九五年一二月一九日　京都　谷川俊太郎」と、わざわざ認定証を出してくれました。

それでは、『みみをすます』という詩を朗読したいと思います。カウンセラーとしての自分の仕事を心に描きながら聞いてください。

「みみをすます」

みみをすます
きのうの
あまだれに
みみをすます

みみをすます

いつから
つづいてきたともしれぬ
ひとびとの
あしおとに
みみをすます
めをつむり
みみをすます
ハイヒールのこつこつ
ながぐつのどたどた
ぽっくりのぽくぽく
みみをすます
ほうばのからんころん
あみあげのざっくざっく
ぞうりのぺたぺた
みみをすます
わらぐつのさくさく
きぐつのことこと
モカシンのすたすた

わらじのてくてく
そうして
はだしのひたひた……
にまじる
へびのするする
このはのかさこそ
きえかかる
ひのくすぶり
くらやみのおくの
みみなり

みみをすます
しんでゆくきょうりゅうの
うめきに
みみをすます
かみなりにうたれ
もえあがるきの
さけびに

なりやまぬ
しおざいに
おともなく
ふりつもる
プランクトンに
みみをすます
なにがだれを
よんでいるのか
じぶんの
うぶごえに
みみをすます

そのよるの
みずおとと
とびらのきしみ
ささやきと
わらいに
みみをすます

こだまする
おかあさんの
こもりうたに
おとうさんの
しんぞうのおとに
みみをすます

おじいさんの
とおいせき
おばあさんの
はたのひびき
たけやぶをわたるかぜと
そのかぜにのる
ああめんと
なんまいだ
しょうがっこうの
あしぶみおるがん
うみをわたってきた

みしらぬくにの
ふるいうたに
みみをすます

くさをかるおと
てつをうつおと
きをけずるおと
ふえをふくおと
にくのにえるおと
さけをつぐおと
とをたたくおと
ひとりごと

うったえるこえ
おしえるこえ
めいれいするこえ
こばむこえ
あざけるこえ

ねこなでごえ
ときのこえ
そして
おし
……

みみをすます

うまのいななきと
ゆみのつるおと
やりがよろいを
つらぬくおと
みみもとにうなる
たまおと
ひきずられるくさり
ふりおろされるむち
ののしりと
のろい

くびつりだい
きのこぐも
つきることのない
あらそいの
かんだかい
ものおとにまじる
たかいびきと
やがて
すずめのさえずり
かわらぬあさの
しずけさに
みみをすます

(ひとつのおとに
ひとつのこえに
みみをすますことが
もうひとつのおとに
もうひとつのこえに

みみをふさぐことに
ならないように)

みみをすます
じゅうねんまえの
むすめの
すすりなきに
みみをすます

みみをすます
ひゃくねんまえの
ひゃくしょうの
しゃっくりに
みみをすます

みみをすます
せんねんまえの
いざりの

いのりに
みみをすます

みみをすます
いちまんねんまえの
あかんぼの
あくびに
みみをすます

みみをすます
じゅうまんねんまえの
こじかのなきごえに
ひゃくまんねんまえの
しだのそよぎに
せんまんねんまえの
なだれに
いちおくねんまえの
ほしのささやきに

いっちょうねんまえの
うちゅうのとどろきに
みみをすます

みみをすます
みちばたの
いしころに
みみをすます
かすかにうなる
コンピューターに
みみをすます
くちごもる
となりのひとに
みみをすます
どこかでギターのつまびき
どこかでさらがわれる
どこかであいうえお
ざわめきのそこの

いまに
みみをすます
みみをすます
きょうへとながれこむ
あしたの
まだきこえない
おがわのせせらぎに
みみをすます

たくさんの音に耳をすます専門家

この詩を読みますと、本当にカウンセラーのことを書いているなと思いますね。カウンセラーの仕事は、この詩のとおり徹頭徹尾耳をすますことではないかと思います。

この詩を読んでいろいろ感じるのですが、「ひとつのおとに／ひとつのこえに／みみをすますことが／もうひとつのおとに／もうひとつのこえに／みみをふさぐことに／ならないように」というのはすごい言葉です。

われわれの仕事で非常に難しいのは、まさにこういうところです。学校で先生と会い、その声を聞いているときに、背後にある子どもたちの声をきちんと聞いているのか。子どもの声を聞いているときに、背後にある親の声を聞いているのか。あるいは、校長と話をしているときに、教頭の声も聞こえているのかということです。考えだすと、声というのはすごくたくさんあるわけです。

それに対して、自分はほかの人よりも耳をすますことができる。ほかの人よりもよく聞くことができるとはっきり言える。普通の人が単純に一つの音だけを聞いているときに、たくさんの音に耳をすますことができる。これが専門家だと私は思います。

余計なことですが、「耳をすます」という言葉を英語に訳すのはすごく難しいです。谷川さんに聞きますと、「じつは自分の詩を英訳している人が非常に困っていた」と言っておられました。残念ながら、どう英訳されたかは聞きそびれましたが、やはり日本語特有の表現のようです。

英語は、〝聞く〟というのを「ヒアー(hear)」と「リッスン・トゥ(listen to)」とに分けています。もちろんカウンセラーは「リッスン・トゥ」をするのですが、「リッスン・トゥ」というのは〝何々を聞く〟というふうに、どこかに焦点づける感じがあります。ところが、「耳をすます」というのは、何が来ようと全部に耳をすまして待っているという感じで、カウンセラーの感覚にぴったりではないかと私は思っています。

カウンセラーは両義的な存在

これまでの話は前置きです。次に〝揺れる〟ということについてですが、先ほども述べましたように〝揺れる〟という言葉には、今学校が揺れているとか、荒れているとかいうネガティブな意味が一つあります。もう一つは、揺れるからこそ変わっていくのではないか、何の揺れもないままだと物事は変わらない、だから二一世紀に向かって揺れていく、その揺れの中にわれわれスクールカウンセラーが入っている、というふうに考えるのと、二つの意味があります。

ここへ来る前に、たまたまあるカウンセラーの書かれた論文を読んでいましたら、今、私は「揺れる」ということに二つの意味があると言いましたが、その論文にも、「カウンセリングは、そもそも二つの意味をもっていることが多く、非常に両義的である」と書かれていました。

簡単にいいますと、お母さんの気持ちもわかるし、子どもの気持ちもわかる。校長の気持ちがわかるときもあれば生徒の気持ちがわかるときもある。それだけではありません。じつに多くの揺れを経験します。〝両義的〟という言葉についていろいろ書いてあるなかに、みなさんもよく知っておられる神田橋條治先生の言葉を引用しているところがありました。

神田橋さんは精神科医で、われわれと非常に親しく、著書の中の一冊に『精神療法面接のコツ』という本があります。私の非常に好きな本です。だいたい精神療法の本に、こういう〝コツ〟などという言葉を入れるのが神田橋流です。以前は、そういうのはだめだと言われたはずです。もっと科学的でなければならないと言われた。しかし実際、面接の場合に大事なのは〝コツ〟だから、神田橋さんは〝コツ〟とは何かということについて書いておられる。その中に次のような一節があります（『精神療法面接のコツ』一〇五頁）。

「揺さぶられて引き起こされた不安定が抱えられることにより自然治癒力が働きだす」

つまり、やって来るクライエントは揺さぶられて来ているのです。「学校へ行きたいのに行けません」とか、「生きていても仕方がない」とかいうのがそれです。その揺れるもの、クライエントの揺れの中に自分も入っていながら、次に来るはずの変革までの道のりを共にしようというのがわれわれ専門家なのです。

スクールカウンセラーのバックアップ

しかし、これを行うためには、やはりスーパーヴァイザーの存在が必要になると私は思います。スーパーヴァイザーが後ろにいてくれると、「大変だけれど、頑張ってやっていこう」とか、「よしっ、俺はこれでいくのだ」とかいうように、まさに腹が据わってきます。カウンセラーがうろうろしだしたらだめです。揺れの中に入っていても、腹が据わっていなければならない。そのためには、腹が据わったスーパーヴァイザーの後ろ盾が必要なのです。

これは文部省（現・文部科学省）にもお願いしようと思っていることですが、スクールカウンセラーたちのスーパーヴィジョンなり研修なりを、義務づけることにしてもよいのではないかと私は思っています。

じつは、スクールカウンセラーと言われながらあまり実力もないし、われわれから見ると困ったところがあるような人が、案外威張って変なことをしているということが実際にあります。私の耳にも、いろいろな話が入ってきています。先ほどから言っているようなすごく感激する話もいっぱいありますから、そういう人は秘密を守るということがなければ言いたくてうずうずしています。ところが、そういう人はこういう研修会には絶対に出てきません。

しかし全体としては、スクールカウンセラーは社会的に評価されています。ですから、全員に研修を義務づけて、みんなで事例研究会をして順番に発表するようにしたらどうかと思うのです。バカなことをやっている人は、きちんと発表することができません。研修をやればおのずと「良貨が悪貨を駆逐する」ということになるのではないかと思います。そうでないと、一人で自分勝手なことをして威張るだけの人というのが、どうしても出てきてしまいます。そういう人をなくすには、こういう研修を義務づけることです。スクールカウンセラーというのは本当に高度の専門性をもっているものだからです。

そして、この高度の専門性をもつためには、はじめのうちはどうしても、スーパーヴァイザーなしではできないといえます。聞いたことを、聞いたとおりにやればできるというのであれば、スーパーヴァイザーはいりません。監督か管理者がいればよいのです。言ったとおりにしたかどうかを確かめる者が、監督や管理者だからです。

ところが高度の専門性というのは、聞いたとおり言われたとおりにするのではなくて、先ほど言いましたように、状況に応じて臨機応変に対応していけることをいいます。この場合はどうするのか、一度引いたほうがいいのか、腹を据えて対決したほうがいいのかを、そのとき、その場で考える。こういうことは、教科書を見ても何も書いてありません。教科書には「場合によって異なる」

としか書かれていない。「できるときは、したほうがよい」と書いてはあるけれど、そもそも、どういうときが「できるとき」なのかはわからない。そのときに、「今こういうことができる」と言えるのがスーパーヴァイザーなのです。

最近聞いた話でも、こんなに難しいのに本当によくやったなというケースがありました。聞いてみると、やはりスーパーヴァイザーが後ろに控えていました。私もやっていてわかりますが、スーパーヴァイザーになると全体がよく見えるので、実際にかなりうまくいきます。だから私は、このスーパーヴァイザーの仕組みが、もっと取り入れられるとよいと思っています。

こうしたことをよく知らない人は、スーパーヴァイザーというと管理・監督されると思うようですが、全然違います。スーパーヴァイザーは、言ったことをそのとおりにやっているかどうかを見るのではなく、「この場合はどうしましょう」とか、「そうですね。今回あなたのやったことがとてもよかったから、次はこうしましょう」というように相談ができ、そのうえ一緒に考えてくれる人です。そこを間違えないようにしてください。私はそういうスーパーヴァイザーの仕組みを取り入れることを、文部省（現・文部科学省）にお願いしようかと思っているのです。

スーパーヴァイジー（スーパーヴィジョンを受けている人）が揺れているのを後ろでぐっと支えているわけですから、スーパーヴァイザーも大変です。スーパーヴァイザーにもストレスがかかってきて、私のところへ相談に来られます。それを聞いて、私にもいっぱいストレスが溜まります。このあいだ「先生のスーパーヴァイザーは誰ですか」と聞かれたので、「ああ、スーパードライです」と私は答えました（笑）。

冗談が出たところで時間が来ましたので、この辺で終わりにします。どうもありがとうございました。

（第五回学校臨床心理士全国研修会講演、二〇〇〇）

教育の時間――こころの時間

ケルトの時間――アイルランドで聞いた音楽

われわれが「時間」と言う場合、〝時刻〟と〝間隔〟を一緒にみている、つまり二時間とか三時間という時間の間隔と、一時、二時という時刻を一緒にして呼んでいる場合が多いと思います。どちらにしろ、現代を生きるのに時間を無視して生きることは不可能で、時計なしで生きるのは大変です。時計なしでも誰かに時間を聞いたり、周辺にある時計を見たりしないと生きていけない。今日でも、この会が何時に始まり、私の話も「何時に始まって何時に終わる」というように、はっきり決まっています。

私は最近、アイルランドへ行ったのですが、あの国にはキリスト教以前にケルト文化がありました。アイルランドには、そのケルトから伝わる音楽があって、これがなかなか面白く、パブに聞きに行きました。

椅子が六脚用意してあるので楽士が六人いるようなのですが、四人しかいません。何時ごろに始まるというのはだいたい決まっているのですが、時間どおりに始まらない。「あとの楽士は来ないのかな」と思っていると、四人のうちの二人ぐらいが演奏をしはじめました。それも、「まあ、やろうか」というような感じです。一人がバイオリンを弾き出すと、横からギターが入ってくる。そこにまた笛が入る、という具合です。

メンバーが足りないままでやっているので、「それでもいいのかな」と思っていると、なんのことはない、楽士の一人はパブで飲んでいたのです。自分は聞き役にまわっていて、飲んでいるうちに演奏する気になったら途中から入る。そして、同じようなリズムが繰り返されながら、少しずつ変わって、ぐるぐる回っていくような感じです。「どうやって終わるのかな」と思っていると、楽士たちもいいかげん疲れてきたのか、お互いに目配せをしています。すると「ジャン、ジャン、ジャーン」とやって終わります。

演奏の後、「失礼ですけれど、楽譜はないんですか？」と聞きますと、「楽譜なんてものがあると縛られて仕方がない。それぞれみんな、縛られずに自由にやっているんだ」と言います。演奏は、師匠から一対一で習うそうです。耳から聞いて、それをそのまま演奏して、「こうやれ」「ああやれ」と言われているうちに、師匠の言うとおりではなくて、ある程度自分なりのものが出てくる。そして、こういう場所に出てくると、打ち合わせもなしでやっているから、少しずつ音楽が変わっていくところがまた面白いんだ、という言い方をしていました。

しかし日本では、たとえば「今日の六時から日比谷公会堂でＮＨＫ交響楽団の演奏会があります」というので行ってみたら、楽団員に抜けた者がいて、じつは客席でビールを飲んでいた、というようなことになったら、これは大変なことになります。今は、そういうことは絶対にやらない。きっちり時間どおりに始めて、楽譜どおりに演奏する——というのが芸術だとわれわれは思っています。けれども、アイルランドではそうではない。芸術（音楽）というものは気が乗ったときに好きなようにやって、好きなようにやめて、何かに縛られたりしないものだというのです。

ケルト風の方法もあるし、われわれがやっている方法もあります。簡単にどちらがよいとか悪いとかはいえません。ただ、われわれは時間に縛られすぎていると思えなくもない。本当はゆっくりとしたい、ちょっと、こういうこともしてみたいと思うのに、「〇〇があるから行かねばならない」というように、自分が本当の自分の人生を生きているのか、時間に生きさせられているのか、わからないようなところがあります。

クロノスとカイロス——「勇気の記録」

「時刻」と言う場合、よく言われるように、「クロノス」と「カイロス」とがあります。時計を見て、「今、一一時三〇分です」というのがクロノスです。カイロスというのは、カウンセリングをするときにみなさん必ず体験されていると思いますが、「この時」というのがありますね。今まで学校へ行かなかった子が、「よし、行こう」と決意する「時」とか、いじめられていた側の子が、急にいじめを拒否して刃向かっていく「時」というのは、なかなか何時何分というような時計で計れるものではありません。カイロスというのは、こういう「時」に当たります。

最近、毎日新聞社が面白い企画をやっていました。「勇気の記録」というものです。若い人たちで、かつていじめられたり学校に行かなかったりしたが、どこかの時点で自分の悩みを克服して、その後頑張った。要するにわれわれがカウンセラーとしていろいろお会いしているような三〇歳くらいまでの人に、自分はどこでどう勇気を出したのか、その記録を書いてもらおうという企画でした。私はその審査員をやったのですが、読むとなかなか面白いし、参考になりました。

「勇気の記録」には克服のきっかけがいろいろと出てきます。一例を挙げますと、何にも面白くないと思って荒れていたある少年に、畑で農作物を作っているおじいさんが、「こんなうまいトマトはないぞ、食ってみろ」と言ってトマトをくれた。そのおじいさんが丹精こめて作ったトマトだったらしく、かぶりついたときものすごくうまかった。そのときその少年は、土に、そして土から出てきた農作物に関心をもった。自分はこういうことをやろう、そういうふうに一気に変わった。

時熟

私は、こういうのを読んで、「きっかけ、きっかけ」とあまり言わないようにしてください、と批評に書きました。「わかった。トマトを食べさせたらいいんだな」というので、不登校の子を道で待っていて、「これ食べなさい」とやったり、いじめられている子に「これトマトだよ」とやってもうまくいきません。なぜなら、先ほどの例は、トマトが熟しておいしかったからではなく、その間に少年のこころが熟し、時が熟していたからなのです。

私は「時熟」という言葉が大好きです。トマトを食べた子にしても、いろんなことがあったなかで、本当によい時にトマトをくれる人に出会ったからよかったのです。その証拠に、そのおじいさんにお願いして、文部科学省が不登校の子にトマトを配っても効果はないでしょう。なぜかというと、「時が熟する」という非常に不思議なことがあるからです。

われわれカウンセラーは、時が熟するために一緒に行動していることが多いといえます。カウンセラーに会ったら、あくる日によくなったというのは滅多にありません。たまにあることはあります。時が熟している人がカウンセリングを受けにきたときは、カウンセラーがひとこと言うだけでいっぺんによくなることがあります。それはカウンセラーの力ではなくて、時が熟していたからなのです。

ほとんどの場合はそうではなくて、一緒に苦しんだり考えたりを繰り返している間にだんだん時が熟していって、あるとき、はじけるように何かが起こります。そういう意味で、「時熟」ということも、よく考えねばならないことだと思います。「時間」には、日常の決まりきった時間もあるし、「その時」(＝カイロス)というのもあるし、「時熟」というのもある。いろいろな観点から時間というものを考えるべきだと思います。

『ゲド戦記』を通して

時計で計れる時間というものも、もちろん無視できません。特に学校教育の中で、時計で計る時間はとても大事です。時間割があって、何時から何時までは国語、それから一〇分間休みがあって、何時から何時までは算数となっています。一部非常に少数の学校で、思い切って時間割を取りはらおうとしているところもありますが、普通は時間割があります。時間割どおりにやらないと、小学校には適応できない。時間割を無視して遊んでいてはいけないし、算数の時間に国語をやっていてもいけない。

ところが教育ということを本当に考えだすと、それでいいのかなと思うところがあります。私は児童文学や子どもの本が好きでよく読んでいるのですが、そのなかに、アーシュラ・K・ル＝グウィンの『ゲド戦記』（岩波書店、一九七六）という本があります。非常に面白いのでみなさんにも推薦したい本です。

これは、魔法使いがいかに修行して成長していくかという話ですが、人間のこころの成長というものがどのように遂げられていくのかを語っている素晴らしい文学です。主人公のゲドが物語のはじめのほうで、オジオンという大魔法使いの弟子になって一緒に旅をします。

ゲドは一緒に旅をするのだから、すぐに魔法使いの勉強がいろいろ始まるに違いない、「これはこう」「あれはこう」とオジオンがいろいろ教えてくれるだろうと期待しています。ところが、オジオンは何も言いません。二人でただずっと旅を続けているだけです。ゲドはイライラしてきます。いつ授業が始まるのかと思って待っているのに、オジオンは何も言わない。ただ一緒に食事をしたり、ちょっと散歩に行ったりしながら旅を続けているだけです。

とうとうゲドがしびれを切らして、「あの、先生いつから魔法を教えていただけるのですか？」とオジオンに聞きます。オジオンの答えは、「お前に会ったときから授業は始まっている」というものでした。「わしはちゃんと教えることを始めているのに、お前のほうが学ぶ気がないだけだ」と。ゲドは《知識》を念頭に置いているので勉強はまだ始まっていないと思っていますが、オジオンのほうは、魔法使いにとっては《生きることそのもの》が問題なのだから、一緒に歩いているだけでもう授業が始まっているという。このことは、現代の教育においても大事なところだろうと思います。

現代社会では、たくさんの知識とたくさんの技術を身につけないと一人前ではありません。だから、どうしても学校教育の中心は、知識と技術を伝えることに置かれがちです。実際、それが学校の役割であると完全に割り切っているところもあります。文化によっても違いますが、学校というところは、知識と技術を的確に伝えるところで、あとの人間に関することは家庭でやりなさい、あるいは教会がやってくれるというように、割り切っている文化もあります。

ところが日本の場合は、その辺は割り切らずに両方考えていこうとします。しかし、学校へ行くと、どうしても知識と技術を身につけるほうが優先されます。しかも、知識と技術はどんどん進んでいきますので、次々に身につけていかないと間に合いませんから、みんなそれに一生懸命になります。

一方、人間として生きるとはどういうことなのか、人間として成長するとはどういうことなのかという、「人生の知恵」のようなものを学校でどのくらい教えるのかが、今、大変大きな問題になっています。学校教育の中でも、「こころの問題」「生きる知恵」ということを考えなければならなくなった。そのために、カウンセラーも必要になってきているのです。

さて、その「人生の知恵」とは、いったいどういうものなのかと考えますと、知識や技術と違って、「人生の知恵」には体験がともなってきます。ナポレオンはワーテルローで何年に戦い、どこで死んだかという知識は、ナポレオンと一緒にいなくても、覚えさえすれば答えはすぐ言えるし書けます。

ところが「人生の知恵」はそういうものではありません。体験を通して知ったことや、体験を通して自分のものになったことは、時間や空間に縛られていないことが多いものです。「何年何月の何日に行なわれた」というよりも、「その時にパッと起こった」ことです。いわゆる時計で計れる時間を超えてしまう。もっというと、空間の制約さえも超えてしまうかもしれません。

たとえば私が本を読んでいて、「ああ、そうだ」とか「わかった」と思うとき、特に「人生の知恵」に関するときは、それが、ギリシア時代のプラトンの言葉であってもまったくかまわない。古いからだめだということはないし、ギリシアで言っていることだから日本ではだめだということもありません。時間も空間も制約なしに、瞬間に入ってくることというのは、われわれの人生にとても大きな意味をもちます。

時計で計れない時間

カウンセリングの時間にはなかなか難しい問題が入ってきます。時計で計れない時間がいっぱい入りこんできます。これを扱うのがわれわれの仕事だということです。それで、あるカウンセラーの方にお聞きしたことを思い出しました。

小学校の一、二年生の子だったと思いますが、クラスの中で暴れまわって、担任の先生も始末に負えないので、「カウンセリング・ルームに行きなさい」と言われて来た子です。その子が昼休みの時間にカウンセリング・ルームに入ってくるとき、「ただいまー」と言って入ってくるようになったのだそうです。その子は、カウンセリング・ルームを家のように感じているのです。ですから「ただいまー」と言って入ってきて、別に何をするのでもない。一人でがちゃがちゃ遊んだり、絵本を読んだり、カウンセラーとしゃべったりするだけなのですが、「ただいまー」とカウンセリング・ルームに来るようになってから、その子はクラスの中でも落ち着いてきました。

学校の先生は、「カウンセラーの方は、どういう指導をされたのですか?」と尋ねてきます。じつは指導は何もしていません。だから、うまくいっているのです。その子に「教室ではもっと静かにしていなさい」とか、「一時間は黙っていなさい」という指導をしていたら、普通ならよくなると思うかもしれませんが、難しい子どもは、それでは到底うまくいきません。その子はカウンセリング・ルームへ「ただいまー」と言って入ってきて、そのまま遊んでもいいんだという体験をしている。それが、その子にとって大きな支えとなっているのです。

私がそれを聞いて心配になったのは、「ただいまー」と帰ってきて、出て行かないのではないかということでした。たとえば、ご飯でも食べないといけないような気になったり、カウンセラーに「お母ちゃん」とか言いだしたら、いったいどうなるのかと思ったのです。それで、聞いてみますと、授業が始まるので「もう始まるよ」と言うと、「行ってきまーす」と言って、自分の家を出て行くように授業に行くそうです。

その子が「ただいまー」と言って帰ってきて、好き勝手なことをしている時間は、時計の時間と違う体験をしているのだと思うのです。それでも、学校というところでは、やはり時計も大事ですから、一時になったら教室に行かなければならない。そのとき、「行ってきまーす」と言えるのは、自分の後ろに《支えてくれる人がいる》と思えるということです。《いつかまた帰ったらいい》という支えを土台にして、面白い言い方をすると、世の中へ出ていったり帰ってきたりする。そういうことができるようになってくるわけです。この事例を聞いてすごく感心したのですが、このことはまた、カウンセリングの難しさをよく表していると思います。

二つの時間と折り合いをつける

中学生の子というのは、何気なしに、ふらっとカウンセリング・ルームに入ってくることがあります。そして、その子が「先生」と言って入ってきたときに、「やあ、すまんな。ちょっとこの子と相談してるんだ」と言うと、「なんや!」と怒る子がいます。それから、何気なしに入ってきてしゃべっているうちに、「すまんな、一時になったら次の子が来るんだ」と言うと、「なんだよ。こっちだって相談に来てるのに」と言う子もいます。その子にすれば時間と関係のない体験をもって来ているのに、カウンセラーが急に時間のことを言いだすから、「いったい、カウンセラーはどうなっているのだ」と思うのです。

難しい問題です。現代を生きるということは、クロノスつまり時計の時間と無関係に生きることはできません。だから、小学校のときから時間割によって教えられていくのです。「一時になれば教室に入りなさい。入らない子はだめだ」と教えられていく。

そういう世界のこともできないといけないけれど、だからといって、時間ばかりに縛られているのではなくて、「うん、私はずっとここにいていいんだ」というような、時間も空間も超越したこともやってもらう。これがカウンセリングです。

この二つの時間の折り合いをつけないといけない。カウンセリングは時間を決めてやらねばならないですが、一方では、カイロスを大切にする。こういう相反する面があります。この両者にこころを配りながら、スクールカウンセリングをすることが大切です。

時間、場所、料金を決める

普通、カウンセリングをするときには、時間と場所と料金を定めます。しかし、そもそも時間と場所と料金を決めて行うのはなぜなのか、ということをカウンセリングを始めた人は自分で考える必要があります。われわれがカウンセリングを始めたころは、そういうのがわからないまま始めたので、何かあるごとに疑問が生じました。

なんで時間を決めなくてはならないのか。人のためにやるのなら、時間なんか決めずにずっとやればいいではないか。場所なんか決めなくても、山でも川でもいいではないか。べつに料金なんか取らなくても、気の毒な人がきたら無料でいいではないか。こうした疑問の一つひとつにこだわっているうちに、「なるほど、よく考えたものだな」とだんだんわかってくるのです。

ところが、今は「カウンセリングは時間と場所と料金を決めてやります。それ以外はだめです」とすでに教科書に書いてある。それを読んで、若い人たちはすぐに「ああ、そうか」と思ってしまいがちですが、やはり「どうして？」と考えないといけません。

今日は時間についてのお話をしていますので、ほかのことについてあまり言いませんが、カウンセリングが時間と場所と料金を決めてやるのは、しっかりした枠組みの中で守られていないと、人間のこころの非常に深い体験、時間も空間も超えたような体験が起こりにくいからなのです。あるいは、起こっても危険が高いからです。そういうことが、長い時間かかってわかってきたのです。

ユングにしろフロイトにしろ、今から思うとはじめはむちゃくちゃなことをやっています。寝食を共にするようなこともやっています。いろいろなことをやっているうちに、時間と場所と料金を決めなければいけないのだということが、だんだんとわかってきたのです。そこまでかっちり守られていないと、人間というものは、なかなかこころの深いところは開かないし、開けば危険なのだということなのです。

スクールカウンセラーで、「われわれは料金をとらずに無料でやっているではないか」と言う人がいますが、スクールカウンセラーは無料ではありません。ものすごくお金がかかっています。それを絶対に忘れないでいてください。みなさんが一時間いくらともらっているお金は、もともとは税金です。だから、すごく責任があるのです。目の前の子どもに対しても責任がありますが、目の前にいる子プラス日本の納税者に対しても、義務を負っているのだということを決して忘れないようにしてください。

私があるスクールカウンセラーの研修会に行ったときに、「私はあれもできません。これもできません。どうしたらいいでしょう?」と言う人がいたので、「それなら辞めたらいいです。いますぐ辞めなさい。そんなにできない人がやったら税金の無駄遣いだ」と言いました。仕事としてやるのなら、できない人は辞めなければなりません。これは、一番大事なことです。できるからやっているのです。できるから税金をもらっているのです。野球の選手を見ても同じですが、「プロ」であるというのは、「一定水準以上できない人は辞める」ということなのです。

中心を外す

昨日、佐渡裕さんという若い指揮者の人と、ラグビーの平尾誠二さん、それに私の三人で、ちょっとおかしな取り合わせですが鼎談をしました（毎日新聞創刊一三〇周年記念イベント「人と感動」、二〇〇一年八月四日）。

そのとき、平尾さんがこういうことを言われました。大きな男がすごい勢いで走ってくるのにタックルしにいくのですが、〇・一秒、あるいはもっと短い瞬間に、すごい葛藤がある。それは、ものすごく短い瞬間だけれど、やっている本人にとってはとても長い時間だ、というのです。要するに、恐いのです。ケガをしたり脳震盪《のうしんとう》を起こしたりするかもしれないと思う。だけど、やっぱり、行かなければならない。

瞬時の間にタックルをしているのだけれど、ちょっと外すこともあるそうです。これは、観衆もわからないし、よほどの者が見ないとわからないそうです。「残念だったな」とか、「よくやったのに、向こうが強かったな」と慰められても、本人には自分が中心を外したということがわかっているのです。ちゃんと中心を外さずにタックルができるようになるには、すごい練習がいるし、それができる者が一五人そろっているのが、すごいチームなのだそうです。ところがそのなかに上手に外す者がまじっている。

それを聞いたとき、やはりまたカウンセリングのことを思いました。クライエントがものを言うとき、真っすぐに中心で受けたらいいのに、ちょっと外していることがあります。たとえば、クライエントは本音で、よく「お父さんなんか死んでしまえ」と言ったり、「あんな先生もう殺《や》ってやる」と言うときがあります。そういうときに、それを正面で受けたらいいのだけれど、少し外しているときもあります。外すときに一番便利なのは何かというと、理論的な言葉です。「やっぱりアダルト・チルドレンだ」とか、「こうして家庭内暴力は始まる」とか言って、理論のほうにもっていくのです。

平尾さんにも言ったのですが、カウンセラーも最後は体の勝負です。体が真っすぐ向いて、真っすぐ受けとめられたら勝ちです。ところが、「死んでしまえ！」と言われたときに、どうしても頭のほうにもっていって、「辛いでしょうね」とか「腹が立ちますね」とか、ちょっと中心を外してしまう。《言葉》が外しているのではないのです。《態度》が、真っすぐ外さずに向かっているかどうかです。そこがすごく大事なことだと思います。

絶対的で凝縮した「ぶつかり」

こんなことは、時間が決まっているからできるのです。考えてみますと、ラグビーも三〇分とか四〇分とか時間を決めているから、そのなかで絶対的で凝縮した「ぶつかり」というものができる。われわれが時間を決めているのは、そういうことなのです。

時間を決めているということは、せめてこの五〇分の間は、クライエントを真正面から受けてみせる。もちろん、正面から受けているだけではだめで、受けたことについて話し合って、客観化したりする必要があります。ただ、それは後の話です。そのときには、心理学の理論がすごく役に立ってきます。

ともかく、二人で正面からぶち当たった体験を自分たちのものにするために理論を使っているのか、中心外しをするために理論を使っているのかというところが、同じ理論を知っていてもまったく違ってくると思います。こういうことがわかってくると、時と場合によっては、時間や場所を決めたりしなくてもよいことがわかると思います。

大事なことは、正面から向き合うことですから、これは何も一時間と決めなくてもよいのです。運動場の隅で話をしているうちに、正面から受けとめることができたなら、それでもいいのです。「運動場の隅でやったからカウンセリングではありません。時間も決まっていないし、場所も決まっていません」ということを言う必要はありません。問題は、「カウンセリングの本質」が行われているかどうかです。

スクールカウンセラーは、私がはじめに言いました時間・場所（料金はちょっと違いますが）の枠を外したなかで、人に会わねばならない場面があります。けれども、そのときに「私はもう部屋にとどまっているのではなくて、みんなに会って、あれもしたりこれもしたり、朝から晩まで走り回っているんです」というような考え違いをしないようにしてほしいと思います。そういう人は、ひょっとしたら、逃げ回っているのかもしれませんね。

先ほどの平尾さんの話でいうと、せっかくタックルしたのに、「残念やったな」と慰められるような、上手に中心を外したタックルをしていることになるのではないかと思います。

（第六回学校臨床心理士全国研修会講演、二〇〇一／『実践！ スクールカウンセリング』金剛出版 所収、一部改変）

日本の学校と文化

はじめに

みなさん、スクールカウンセリングで毎日ご苦労いただいてありがたく思っております。スクールカウンセラーの仕事は相当に評価されており、これからもますます発展していくことになると思います。それだけに、今われわれが一生懸命にやっていかないと、いろいろと問題も起こるし、失敗も起こりかねません。そのためにこういう研修をしているわけです。

今日は、「日本の学校と文化」ということを一緒に考えたいと思っています。学校には特有の文化があって、そのことをわれわれ臨床心理士もよく知っている必要があります。それ以上に大きいことは、日本という国が日本特有の文化をもっているということです。ただ、同じ日本でも、鹿児島の文化と大阪の文化とではおそらくずいぶん違うでしょうし、他県へ行けばまた違うという特色をもっています。

そうしたなかで「学校の文化」というものを考えるとき、日本の学校全体で通用するような《学校特有の考え方》というものがありますが、それもまた、行く学校によって違います。

おかれている文化状況への認識

これはもう「文化」というよりは「クライメイト（climate）」、すなわち「気候」とか、「風土」

という言い方をしたほうがいいかもしれません。たとえば、クラスにある一つの状態が発生する。そのクラス全体が何か非常に暗い雰囲気になっていくとか、思うことは絶対に言ってはならないとか、あるいはすごいボスができてくるとか、そういうことが生じます。短期間のことですがそういうことが次々に起こっている。これも一種の文化状況と言っていいと思います。そういう大変難しい中へわれわれは入っていくわけです。だから、自分がどういう文化状況の中に入っていっているのかを、よく認識する必要があると思います。

そもそも私は、臨床心理の仕事をするために、アメリカやスイスで勉強してきたのですが、そこで勉強して身につけたことを日本に帰ってきてやってみても、なかなか習ったとおりにいかないことに気づきました。そこで、これは日本文化について考えなければ、思うように仕事はできないと考えるようになりました。それから日本文化についていろいろと関心をもち、本を書いたりしてきました。

もう一つ非常に大事なことは、この日本の文化そのものが変化しつつあるということです。それも急激に変化しつつある。そして、二一世紀に日本の文化はいったいどちらを向いていくのか、どう行くべきなのかを考えるべき時が来ており、その変化を担っている人々のなかにわれわれもいるということです。

だから、いろいろなことを認識してやらなければなりません。「自分はスクールカウンセラーとして学校へ行くのだから、行った学校の子どもの役にだけ立てばいいのだ」というような単純な考え方では、うまくいかないと思います。本当にある一人の方の役に立とうと思ったら、非常に広い認識をもっていなくてはならないと思うのです。

臨床の経験を通して発言する

ただ、日本文化について考えるといっても、われわれは日本文化の一般的な研究をするのではなく、まず何よりも、自分が会っている人の役に立たねばならない。高校生、中学生、あるいは小学生の役に立つということがまず中心にあって、そのために文化のことをいろいろ考えている。そこが、普通の文化企画をしている人とずいぶん違うところではないかと思います。

われわれにとっては、実際の臨床の場を離れてする話は何の意味もありません。やはりわれわれは、クライエントと会って、その会っている経験の中から発言していく、これが大切だと思います。

まず日本の文化ということですが、今まで日本人は、日本の文化の中である程度うまくいっていた。たとえば、学校にしても、日本の初等・中等教育というのは諸外国にも誇れるぐらいうまくいっていたほうだと思います。つまり、一人の先生が五〇人くらいの子どもを教えて、非常に効果を上げている。学力も高く、それに応じて識字率も高いわけです。しかも、ほかの国の学校に比べると教室で騒ぐ子も少ない。

今から二、三〇年ほど前に、アメリカやスイスから来た私の友人たちを小学校に連れて行きますと、日本の小学校は素晴らしいと、みなすごく感心していました。

変わるための苦しみ

ところが、それが今はどんどん変わってきました。学級崩壊もありますし、不登校も出てきた。こう言いますと、何だかすごく悪くなったように聞こえますが、そうとばかりはいえません。私としては、日本の文化が変化していくための悩み、一つのプロセスとして出てきていることだと思っています。だから、悪いばっかりではない。何かが変わろうとするときには苦しみがあるわけですから、《変わるための苦しみ》として出てきていることではないかと思っています。

しかし、今まで学校の先生方がしていたような考え方、つまり「全体で一生懸命やろう」とか、「熱意をもってあたれば何とかできるだろう」といった考え方では、どうもうまくいかない。そこでスクールカウンセラーという専門職を学校へ入れることにしたのです。これは文部科学省の大変な英断だと思います。

スクールカウンセラーの制度ができて、みなさんが初めて学校へ行かれるときに、私は、「これは黒船の来航と同じぐらい大変なことだ」と言いました。学校の先生にとっては、本当に「黒船が来た」くらいの感じではなかったかと思います。日本の学校というのは、校長先生以下、先生方がしっかりやっておられて、「これでいい」と思っていた。そこへまったく異質の人間が入ってきたわけですから。

これは簡単にいえば、「日本の学校なり、教育なり、文化なりというものが、変わらねばならない。変わっていくそのために、われわれが行っているのだ」と言っていいと思います。

変わるためには、どこに大事なポイントがあるのかというと、「個の確立」にあります。これは、私が座長をしておりました「21世紀日本の構想」懇談会の報告書でも強調したように、日本人はもっと個人としての自分を確立することが必要なのではないか、ということです。

今までの日本のやり方は《個を確立する》のではなくて、むしろ《全体》に気をつかって、全体の調和を乱さないことを先行させて大事にした。みんながある程度辛抱してでも、何とか調和を保っていこうというやり方をとってきたのですが、もうそれではだめになってきた。そんなことばかりしていると、日本はほかの国から軽蔑される。日本人は個性がないとか、創造性がないとか、真似ばっかりしているとよく言われてきました。しかし、日本人もそれぞれ個性をもっているし、創造性も立派にもっている。そういう人間をつくるには個の確立が必要だ。そういう考え方で児童・生徒に接する人間として、われわれスクールカウンセラーが入ることになった、と考えてもよいと思うのです。だから、これは一種の「革命」と言ってもいいぐらいの大きいことではないかと思います。

無視してはならない学校の文化

今、「革命と言ってもいいぐらい」と言いましたが、革命の場合にはたくさんの血が流れるわけですが、血を流さずに、じっくりゆっくりみんなと考えながら変えていこうというのが、われわれスクールカウンセラーのやり方です。学校のあり方、つまり学校の文化や日本の文化を無視して何かやろうとしても、うまくいくはずがありません。

ですから、そういうことを考えずに「自分は《個人》のために行っているんだ」とだけ考えている臨床心理士は、失敗しがちです。たとえば、生徒がやって来ると、その生徒を個人として大事にして一対一で話をする。そして、その子がいろいろ言っても、「個人が大事だから」と秘密を守って誰にも言わず、自分ではすごく大きい仕事をしているつもりでいます。しかし、そういうふうに生徒と一室にこもってずっと話を続けていることが、じつは学校全体の中でどう見られているのか、その子の担任がどう思っているのか、あるいは親がどう思っているのか、ということをまったく忘れてしまっています。

そして、自分は一生懸命やっているつもりでいますが、あるとき、校長先生から「ちょっとカウンセラーの先生、来てください。今、誰に会っているのですか?」とか、「どんな問題ですか?」とか、「どのぐらいかかっているのですか?」と聞かれる。「それは個人の秘密で、私には守秘義務がありますので何とも言えません」というようなことを紋切り型で言ってしまうとすると、校長先生から、学校を何と心得ているのか、学校で一番偉いのは校長だ、その一番偉い校長の言うことを聞かないのかと言われる。

校長先生がそういうことを言われるのには背景があります。担任が校長先生のところへ行って、「今度来たカウンセラーの先生は、○○君と一生懸命話してくださるのは結構なのですが、○○君はカウンセラーに会うようになってから、ますます文句を言うようになって態度も悪くなり、どんどん悪くなっていくように思うんですが、どうしてでしょう?」というようなことを言っていて、校長先生も心配しておられるのです。

それにもかかわらず、「守秘義務があります」というようなことを言って、何を話し合ったか全然言わなければ、これは学校を荒らすために来ているのではないかというようなことになってしまいます。極端な場合、カウンセラーは来ているけれど、あそこにはなるべく相談に行かないようにとか、それから、何かあったら担任の先生に話をしなさいという雰囲気になって、一生懸命やっていたのにだんだん誰も相談に来なくなる。自分が行くと、ほかの先生方も何かしらけた顔で見ているように思うし、校長先生に至っては挨拶しても知らん顔をしているというようになってきて、だんだん仕事ができなくなる。

そうすると、そのカウンセラーは、自分は個人のために、個人の能力を生かすようカウンセリングでやろうと思っているのに、学校側に理解がない。校長先生も、教員も理解がなくて、これではやっていけない、とすごく嘆きます。そういう人は、結局、嘆くだけで何もできないのです。

スーパーヴィジョンを受ける

「いったい私は、そういうときにどうしたらいいのでしょうか?」と言った人がおられたので、私は「それは、あなたが辞めたらいいのです」と言ったことがあります。《何かする》ためにわれわれは行っているのですから、《何もできない》のなら辞めればよいのです。

そこで、「自分はなぜ、何もできないところに追い込まれてしまったのか」と、自分を臨床心理的にきちんと解明して考える力があってこそ、専門家といえます。誰が悪い、かれが悪いと嘆くのは、素人のやることです。みんな、お酒を飲んでは人の悪口を言ったりしていますが、それはそれでいいのです。ただし、専門家のすることではありません。なぜ自分がそんなふうに追い込まれたかを考えて、すぐにその対策を考えない人は専門家ではないわけです。

そんな難しいことはできないと思う人は、やはりはじめのうちはスーパーヴァイザーにつくことが絶対必要だと思います。初心者の場合は、給料をもらってスクールカウンセラーをしているのですから、やはりそのうちのいくらかは自分の成長のために使うのだと考えてほしいと思います。

スポーツをやる人でも、音楽をやる人でも本気でやっている人はみな、自分が成長するためにお金を使っています。与えられたものだけでやっている人はいないと思います。私も実際そうでしたが、自分がセラピストとして成長していくためには、スーパーヴァイザーのところへ行ってお金を払ってスーパーヴィジョンを受けることです。

お金を払ってスーパーヴァイズしてもらうというのは非常によいのです。どこがよいかというと、受けに行くほうもスーパーヴァイズするほうも一生懸命だからです。そして、いやならすぐにやめたって構わないのです。人間関係だけでスーパーヴィジョンを受けると、「あの人にしてもらうのはいやだけど、まあ仕方がないから行くか」というようなことも起こりますが、お金の関係でやっている場合は、そういう斟酌が無用になるからです。

そういう点で、大学院を出て初めてスクールカウンセラーとして行く人は、一対一でスーパーヴァイズしてくれる人を探して、その人に付くぐらいの心がまえをもってほしいと思います。もちろん、強制できることではありませんから、それ以上は言いません。ただ、われわれとしては何とかスーパーヴィジョンの体制をつくり上げることが必要だと思っています。

個人の背景にある文化を理解する

そもそも学校には、担任の先生がおられます。担任は一人で生徒全体を抱えて、自分と生徒が一緒になってクラスをつくっていこうとしていますので、ほかの誰からも口出しされたくないと思っています。ですから、決してそこに誰かが手を出したり口を出したりしてはならない。そういう考え方が一般的で、それが昔の日本の文化のあり方でした。そういうなかへ、われわれは違う考え方をもって入っていっているのです。違う考え方で入っていることは大事なのですが、そういう人たちの間で実際にどうやっていくのかは、大いに考えねばなりません。

そのときに極端な人は、わかった、学校はそういうふうになっているのか。校長先生は大事だから、校長先生が言うことには従順に従ったほうがいい。校長先生が「どうですか」と聞いてきたら、「私は○○君に会っていて、彼の話はこうで、親子関係はこんなので……」と全部しゃべろう、というので話の内容をみんな言ってしまう――これはまた後で絶対に問題が起こってきます。

そういうことが起こらないようにするためには、われわれが学校の文化というもの、さらにその背後にある日本の文化というものをよく知っている必要があるのです。カウンセラーとしては、やはり個人は大事にし、秘密は守らなくてはならない。しかし、「一番偉い人は校長先生である」というような文化の中に入ってやっていくには、自分が今まで臨床心理学で習った知識と経験を十二分に生かして、最もよい答えを見いだしていかねばならない。それが専門家だと、私は思います。

そのときに方法はいろいろ考えられるわけです。大事なことは、この校長先生がどういうタイプの人かということをまず知る必要があります。この校長先生は、自分が全部わかっているということを非常に大事にしている人なのか、あるいは、そういうポーズだけの人なのか、ゆっくり話をしたらわかる人なのか、少しの話ではわからない人なのか、といったことを全部飲み込んだうえで、われわれのやり方を考えていかねばなりません。

先生方との関係の結び方

私は幸いにも学校の教師をしていたことがありますので、学校の教師がどういう気持ちでやっているかがすごくよくわかります。先生方は自分の担任をしている子に関するかぎりは、何とか自分自身が関わってやっていきたいと思っています。ですから、自分が一生懸命やろうと思っている生徒が、よそへ行って一番大事な話をしているというのは、やっぱり心穏やかではいられないのです。

カウンセラーは、そういう先生方の感じ方について知っていなくてはなりません。だからといって、生徒の言ったことをすぐに担任に言えというのでは決してありません。生徒の言ったことは絶対に守らねばならない。そこでどういうふうにするかは、そのときどきによって違うのです。

私は長い間大学で学生相談をしておりました。そうしますと、大学でも似たようなことはいろいろ起こります。そのときに、この先生にはせめて「○○君が来ていますよ」ぐらいのことは言っておいたほうがいいのではないかと迷うことがあります。「○○君が来ているんですよ。先生ともそのうち、ゆっくりお話をしたいと思っているんですが……」と、ニコニコして言っておく。つまり、先生と関係を切らず、敬意は示すけれど内容については言わないでおくのです。

それをやっておくかおかないかで、後がまったく違ってきます。よく勘ぐる人の場合ですと、二人で秘密に話をしていると、自分の悪口を言っているのではないかと思う人がいます。そのとき、こちらの何とかつながろうとしている態度がわかっていると、「あのカウンセラーは、自分に対して絶対に悪い感じをもっていない」と安心します。だから、つながりをもちながらやらねばならないのです。

これがどの程度できるかは、実際にやってみるとわかると思います。担任の先生と話したり、親と話したりしますと、当たり前ですが、やはり何でも聞きたがりますので、非常に難しいです。そのときに、「それは言えません」と断固言ったほうがいいのか、そこはうまくいなしたほうがいいのか、いつも通用するという答えはありません。「いや、それは言えないんです」と断固言ったほうが、「やっぱりカウンセラーは、こういうところはすごいな」とかえって感心する人もいる一方で、ものすごく怒りだす人もいます。

またこれも大事なことですが、人間というのは、二人で怒って言い合いをしたほうが、後は仲良くなるということがあります。喧嘩するのを避けてばかりいるうちに、結局はわけのわからない人間関係になってしまうよりも、正面から喧嘩したほうがいい場合もあるのです。

全体を見る力をもつ

そのときに大事なことは、「この際は、真っすぐ行こう」とか、「ここは、いなそう」とかを選んだ自分の判断の次に、どういうことが起こりうるかということまで、全部考えておく必要があるということです。「それは、だめなんです」ときっぱり言ったときは、その後先生が、「なるほど」と思ってくれたのであれば、後の行動が違いますが、きっぱり言ったために先生がどうもごもごしているような感じであれば、その機嫌を直すために、どういうことを、いつ言うべきかと考えねばなりません。

カウンセラーの特徴というのは、こんなふうに《全体を見る力》をほかの人よりももっているところにある、と私は思っています。普通の人はどうしても、そのときその場の人間関係や、その人だけの関係を考えがちですが、カウンセラーは学校全体のことを考える。そして、一人の子どもと会っていても校長先生のことも視野に入っている。校長先生と会っていても父兄のことも視野に入っている。そういう全体性の中で行動しているのです。

今現在のことをやっていても、次にどうなるのかという未来のことも含めて視野に入っている。常に視野を広くもち、物事を全体的に見る能力を高めていくことが非常に大事なことだと思います。全体が見えると、心に余裕ができるからです。いうなれば、自分を取り巻いている文化的状況を把握して、個人にあたることができます。

そうでない場合、たとえば担任の先生が「スクールカウンセラーというのは、一対一で話を聞くばっかりですね。そういうのは、どうなんですかねえ」というようなことをいきなり言ってこられたり、校長先生が「どうもあなたのやっているのは秘密結社のようなもので、学校の中に秘密結社をつくっているような感じを受けるんですが……」というようなことを言われたときに、すぐ反応して、「そんなバカなことはありませんよ！」と言ってしまったりすることがあります。

初めて行った臨床心理士の人で、「私は臨床心理士の資格をもっていますから、先生方とは違うんです。だから、先生方は、そんなバカなことを言っておられるけれども、臨床心理士的にいうと、それは間違っています」というようなことを言った人がいます。そういう言い方をしたら先生方が怒るのは当たり前です。

同じことを言うにしても、ユーモアを交えながら言うことがすごく大事だと思います。私も厳しい状況の中で、いろいろとユーモアを連発しました。臨床心理学という影も形もなかった学問を、大学の中につくったり、あちこちにつくったりするための交渉をする際に、ユーモアがどれだけ役に立ったかわかりません。

それを正面からやって、しかも自分が相手の上に立って「臨床心理士でございい」という言い方をしていては通じるはずがありません。臨床心理士であるということは、先ほどから言っていますように、全体を把握してどう行動するのかを考えることができる者だということです。

先生方との協調

ユーモアはこちらに余裕があるときに生まれてきます。そして余裕は、ほかの人よりもより全体的な視野に立っているときに生まれるものだと思います。そういうことを考えながらやっていくことによって、全体を大事にする日本文化の中で、もっぱら個人を大事にするという役割と使命をもってわれわれが学校に入っているということが、だんだん評価されていくのではないかと思うのです。

それから、「学校の中では校長先生が一番偉い」と言いましたが、これは非常に大事なことです。人によって本当にタイプが違いますから、学校に行ったら校長先生といろいろ話をして、その間にだいたいこの校長先生はこういうタイプの人だなというぐらいはわからないといけません。でないと、せっかく人格心理学の勉強をした甲斐がないと思います。

そして、この校長先生はこの方面から近づいたほうが近づきやすいとか、別のほうから近づいたほうがいいとか、正面からぽんぽんとものを言っても大丈夫な人だとか判断することは、とても大事なことです。教頭先生に対しても同じです。

学校には子どものことをよくわかり、親の立場をよくわかって教える先生と、上から少し高圧的に教える先生とがいます。昔は、上から高圧的に教えるタイプの人でもいろいろ成功してきましたので、そういうやり方でうまくやってきた先生は、そのパターンをなかなか変えられません。これはもう仕方がないのです。そういう先生であることがわかれば、こちらは怒ってばかりもいられないので、その先生とどう協調していけるのかを考えたほうがよいと思います。

何といっても日本人は、「自分はこのことに関しては全部知っているし、このグループに関しては全部自分が握っている」というように考えるのが好きなので、自分の知らない秘密が何かありそうだというだけで、すごく脅かされるのです。

極端なことをいうと、カウンセラーが密室で人と会って話をしているというそれだけで、もうほかの人を脅かしているのだというぐらいの認識をもってほしいと思います。カウンセラーの部屋に何か秘密があるということは、秘密の爆弾があるのと似たようなものなのです。

密室で生徒と一対一で会っていて、そのことを担任は知っている。しかも、生徒と会った後で、その担任が「いやあ、どうもご厄介になっているようですね」と言うのに対して、こちらが「いやいや」と返事をするのに平気でいてくれる先生というのは、これは相当スケールの大きい人です。スケールが大きいとわかった先生は、次から協調的にやれる人です。

それから、何となく知りたがる人もいます。「○○君が先生のところへ行っているようですが……」と言うので、「ええ」と言うと、「いや、いいんですよ。それは、カウンセラーは個人を大事にしてやっているのですからいいんですよ。いいんですけど、ねっ」と、だんだん怖い顔になってくる。そういう人は、「いい」と言いながら、本当は怒っているのです。

相手が変わるとき——怒鳴り込まれたら勝ち

そういう人の感情に対して、われわれはどう反応するのか。そのときにユーモアがものすごく役に立ちます。あるいは「本当は聞いたことを右から左に全部先生に言いたいぐらいの気持ちなのですが、なかなかその辺は……」と中途半端に話を終えると、だいたい相手が続きを言ってきます。「いやいや、私もよくわかっていますよ」と。「先生、そこまでわかられるんですか」とこちらが言うと、だんだん話が通じるようになって、だんだん変わってきます。このようにもっていくのが、カウンセラーというものです。

それを、言うか言わないか、守るか守らないか、というような二者択一的な話にもっていくと、たいてい喧嘩になります。そうではなくて、答えというのはだいたい曖昧なところにあるものです。「本当は、僕が聞いたことは全部先生に言いたいぐらいの気持ちなんですが……」というところで止まっていると、次は相手が歩み寄ってきて、「いやあ、いやいや、それはカウンセラーはねえ……」と言ってくる。そこでこちらが「先生はカウンセリングのことをよくわかっておられますねえ」と答えながら、だんだん話を変えていく。

もっと極端にいうと、「怒鳴り込まれたら勝ちと思え」と、私はよく言っています。親でも、先生でも、誰でも、怒鳴り込みにくる人がいます。怒鳴り込みにくる人というのは、突入するだけのすごいエネルギーをもっているのですから、そういう人は変わる力ももっていると思って間違いありません。「いったい、カウンセラーというのは何だ！　違うんじゃないのか！」とか言ってきたら、それをいやがらずに、逃げずに、真っすぐに聞く。そうしていたら、だいたい変わる場合が多いです。

私はよく思いますが、二〇分間本当に怒り続けられる人というのはほとんどいません。よほどカンカンに怒っている人でも、「はい」と言ってきちんと聞いていると、「まあいろいろ言いましたが、いや、あなたの気持ちがわからないでもないのですよ」というように必ず言ってきます。その辺で、「ああ、わかってくださるのですか」というように言うと、だんだん雲行きが変わってきます。

ただし、その間にごまかしたり、逃げたり、ひっかかったりしないことです。そこに来るまでは、真っすぐにそれを受けとめていると、怒鳴り込みにくる人はだいたいこちらの理解者になることが多いです。

実際、私が大学で学生相談をしていたときにも、怒りにきた人がいました。ですが、結局最後は学生相談のシンパになってくれました。つまりそういう人たちは、それだけの関心と熱意をもっているから怒鳴り込みにくるのです。だから、そのときに《真っすぐに応対する》ということがとても大事です。そういうことによって、人との関係ができていきます。

しかし、われわれはそこの文化に馴染むために行っているのではありません。文化であれ、個人であれ、ある種の変容が行われねばならない。その変容にどう関わって援助していくのか、ということを考えながらわれわれは行っているわけです。学校文化を体験しながら、やはり変わっていく道、突破口を見いださねばなりません。そういう姿勢を失ってはならない、と考えていればよいと思います。

養護教諭との連携

ここで非常に大事な存在となるのが、養護教諭の方です。教員ではあるけれど、養護として体のことをいろいろ受けもっており、保健の講義もされます。生徒一般の受けとめ方としてはどうしても、あまり成績や評価とかかわりのない、そして体のことを相談できる先生ということになります。ですから、養護の先生に親しみをもつ子が多いです。

養護教諭のところへやって来る子どもたちというのは、特に小・中学校では、体の相談に来ているようでも、心のことが入っている場合が多いわけです。われわれがそういうことをよくわかって養護の先生と連携していると、養護の先生のところへ来た子どもに、「あなた、カウンセラーの先生に話を聞いてもらったほうがいいんじゃないの」と言い、われわれのところへ来るようになる子がいます。

そういうときに、養護の先生とわれわれがどんなふうに連携するかということも、よく考えておかねばなりません。せっかく養護の先生が、気になる子どもをこちらへ回してこられたのに、ただ受けとめるだけではいけません。養護の先生に、「この間、〇〇君を送ってもらって本当にありがたかったです。よくそこまでわかられましたね」というような話し合いをすべきです。そして、養護の先生に感謝はするけれど、かといって子どもとの話の内容については、あまりしゃべりすぎないようにする。秘密が漏れてしまってはなりません。けれども、養護の先生もわかって言っておられるわけですから、満足してもらう程度には言わなければならない。

原則と実際の間で

そのときに大事なことは前にも述べましたが、この先生とはここまで協力できるとか、この先生だとここまで話をしても大丈夫とかを、われわれは常に考えながらやっていないといけないということです。

われわれカウンセラー、臨床心理士というものには原則があります。心理療法を構造枠をきちんと決めてやっている人であれば、時間を守らないといけない、場所を守らないといけない、料金を取らないといけないなどということがありますし、また守秘義務があるわけです。そういう原則があるなかで、実情に応じてカウンセラーの責任でどのくらいのことを話しながらしていくのかが、一番難しいところだと思います。

何よりも、第一に「カウンセラーの責任において」ということを決して忘れてはなりません。自分のやったことで次に問題が起こった場合は、絶対に自分が責任を取らねばなりませんから、その覚悟でやらねばならない。たとえば、守秘義務があるにしても、「この人には、ここはここまで話をしよう」と自分が思ったことによって後で問題が起こったら、これはカウンセラーの絶対的な失敗ですから、それは覚悟しなくてはならない。しかし、いつもルールを盾に取って、「これはできません」「あれはできません」と言っていたのでは、専門家とはいえないと思います。そこのところが非常に難しい。

この点を、新しくスクールカウンセラーとして学校に行く人たちにどのように教えるか、ということも大事なところだと思います。ルールを破ることばかり先に言ってしまうと、「何でも好きなように破っていい」と思ってしまいます。だから、《守秘義務》というのはどれほど大事であるかをよく言っておかねばなりません。次に、「あなたの責任で何ができるか」というところへ、うまくもっていかねばなりません。その辺の指導のしかたがずいぶん難しいと思いますが、こういうことを、きちんとやらねばならないのです。

荒れる学校現場に求められるもの

最近、臨床心理士が信頼され、力があることがわかってきたからでもあるのですが、ある学校なり学級なりがものすごく荒れて手がつけられないようになっている所へ、スクールカウンセラーに行ってもらうということが、よく起こるようになってきました。これは信頼されているからです。

しかし、実際にそういう所へ行ってみられたらわかりますが、先ほど学校の文化について言ったときに、「文化」というよりは「クライメイト」といったほうがいいだろうと言いましたが、学校中が荒れている所というのは、本当に難しいものです。極端な場合は、中学校でもタバコを吸いながら平気で校門を入ってくる者がいます。先生が何か注意すると、同じような輩が寄ってきて「殴るぞ」と脅したり、ときには先生を突き飛ばしたりします。先生が逆に何かしようとすると、「やってみろ。おまえが殴ったら、すぐに教育委員会へ言いにいくからな。おまえらは、体罰は禁止やろう」と言う。そういう子が実際にいるのです。

学校中がそういうようになっていくと、「ちゃんと勉強したい」「しっかりやりたい」と思っている子は、本当に隅のほうへ押しやられて元気がなくなってしまい、学校中がそういう者に支配されている感じになってしまっている所も実際にありました。

学級崩壊ということもあります。ある学級の中でみんなが勝手なことをして、教室に入ってこないし、先生が少しぐらい言っても相手にもしないでいる。そうなってしまっている所へカウンセラーが派遣されるということがたびたび出てきました。

これに対してわれわれは、そこまで見込まれたからにはやらねばならないと、できる人は覚悟しておいてほしいと思います。あまりできない人がそういうところに派遣されることは滅多にないと思いますが、われわれカウンセラーの役割としては、そういうことまでやる時代が来たということです。

それから、今まではいじめや不登校の子が多かったのですが、このごろは非行の子を任される例も、私の知っている範囲でずいぶん増えてきています。これはやはり信頼された結果だと、私は思います。

それまでは、非行でむちゃくちゃやっている子たちは、「あの子らはもう箸にも棒にもかからない」と放り投げられていた。しかし、不登校の子がスクールカウンセラーにお願いしたら、だんだん学校に来るようになってきたので、ひょっとしたら、あの箸にも棒にもかからない子も、カウンセラーだったらうまくやってくれるかもわからない。そういうわけで「お願いします」というのが、実際に出てきました。

荒れる現場でやれること

そのときに、「私はこころのことをやっていますので、非行はやりません」と言った人がいるのですが、非行もほかでもないこころの問題です。やり方は変わってくると思いますが、やらないというわけにはいきません。

ただ、そういう荒れた学校に入っていくと、カウンセラーだけの力でそこを変えるなどということはとうていできないと、まず認識することです。これは非常に大事なことです。文化なり、社会なり、集団なりが荒れているときというのは、個人で抑えることはなかなかできません。何ができるかというと、自分だけではなくて校長先生以下、先生全体が一緒にやるようにすることです。全体がその気になればだんだん収まっていきます。

暴れまわって荒れている子どもたちは、本当のところどう思っているかというと、「何とかしれくれよ」と思っているのです。暴れているから楽しんでいるのだろうと思うと、じつはそうではない。「誰が止めてくれるのかな」というようなところもあるのです。だからといって、いきなり私が行って「やめろーっ！」などと言っても、ボカンと殴られるだけです。そこは難しいところです。

火が燃えているときは、何を言ってもだめです。しかし、学校全体が校長先生以下ほかの先生もカウンセラーも、みんなで体制を整える。そして、「これ以上のことは絶対にやらせないようにしましょう」という体制がきちんとできると、不思議なことに、彼らはそういうことを感得する勘は非常に鋭いので、自然に収まってきます。

私は大学全体が騒然となったときにいろいろやりましたからよくわかるのですが、やはり全体で、「さあ、やりましょう」という雰囲気を高めることが、まず第一です。そのとき大事なことは、カウンセラーが、「体制ができたら、これは収まるところに収まるのだ」という見通しと希望をもっていることです。ただ「頑張りましょう」というのではだめです。

学園紛争の時代に京都大学で騒ぎになったときに、みんながうろうろするので、「あんまりうろうろしないで、五年後のことを考えてください。五年後には、みんな収まっています。だからこれからは、五年後に全部が収まっていることを前提に、みんなで考えませんか」と教授会で言ったことがあります。すると、みんなずいぶん落ち着きました。そして、落ち着くとやり方が変わってくるのです。

「こんなにむちゃくちゃで、どうなるんだろう」とみんなが思っていても、いつかはちゃんと収まることを内心でわかっている人間が、「先を見越してやりましょう」と言うと、「そうですね。まあ、みんなで頑張りましょう」となって、そわそわしていたのが落ち着いてきます。そして、みなでやろうという姿勢が出てくると、少しずつ変わっていく。そのときに、「あっ、ここが変わりましたよ」「ここも変わってきましたよ」「□□先生は、これをうまくやられましたね」というように変化をきちんととらえて、ほめてあげながら体制を整えていくことをせねばなりません。

暴走を止める壁となる

そこで一番大事なことは、思春期の子どもたち、特に中学生というのは、一度コントロールがきかなくなると、自分では収束することができません。ただし、もっと年数が経てば自分でも収めれます。誰しも、「中学時代はむちゃくちゃやってたなあ」と言って、大学生ぐらいになるとだいたい収まるものです。しかし、その場では自分を抑えられない。だから、誰か大人が収めねばならないのです。

暴れているのをしっかりと止める壁にわれわれがなって、「この一線を越えてはならない」という《文化》、《クライメイト》をつくる。そうすると、荒れは収束していきます。

その次に大事なことは、荒れている子どもたちが決して悪い人間ではないということです。ところが強力に収めねばならないと思う人がよく陥るのは、「あの悪者をやっつけねばならない」と思うことです。悪者どもを退治して、世の中を平和にしようという考え方をする人は、ずいぶん元気がいいのですが、考え方は間違っています。

また逆に、「今暴れている生徒たちの気持ちはよくわかる。あれだけ暴れるのも仕方がない」と言って、結局、何もしない。これは一番いけません。もっと悪い人は、それを扇動とまではいかなくても、同調するような物言いをしたり、少し愛想を言ったりする人がいます。そういう人はむしろ、子どもから非常に嫌われる場合が多いです。

「ねえ、中学生がちょっとぐらい暴れてもいいでしょう」とか、「いや、その元気で……」とか言って、子どもたちに評判がいいかというと、案外嫌われている。それは本人もやめようと思っているのに、ガソリンをもってきて撒くようなものだからです。これは、一生懸命にやっているように見えながら、火に油を注いでいるのです。

こういう人は、カウンセラーのなかにもいます。「理解しなければならない」とか、「受容しなければならない」というので中途半端なことをやったり、わかったようなことや受けを狙ったようなことを言うのは、暴れるためのエネルギーを供給しているようなものです。

カウンセラーの真骨頂

子どもが暴れているのを見たら、「やめろ！」とか、「だめだ！」と、きっちり止めることができる。それと同時に荒れている彼らに対して、あなた方は少しも悪くないんだ、という見方もできる。その二つが両立していないとだめなのです。そこが一般の人は、「悪いからやっつけろ」となったり、あるいは逆に、「そのうちわかるから放っておけ」というように極端になります。やはりそこが、われわれ専門家と普通の人との違うところです。

こういう態度を鮮明に出していくと、学校でも学級でも荒れは収まっていきます。もちろん、あまりにも暴力がひどいときには、警察に頼まざるをえないということが起こるかもしれません。もし、警察の力を借りたとすると、そのときに一番大事なのは、そこからわれわれの仕事が始まるということです。そこからが、まさに頑張りどきなのです。

大学紛争の場合は、こういうことがよくありました。機動隊が来て騒ぎが収まり静かになると、問題は何も解決していないのに、もうみんな解決したように思う。要するに自分では収められず警察の力で収めただけで、実際はそこから話が始まるのに、そこで安心して手を抜いてしまう。それで、また余計おかしくなるのです。

もし警察の力を使うとしても、これは残念ながら自分たちに力がなかったから警察が来ただけであって、本当の教育はこれからみんなで始めるのだということを先生方に徹底して、そこからやってもらうという姿勢が必要です。中学校では滅多に警察力を使うということはないと思いますが、しかし、「止めるときには警察を使ってでも止めてみせる」という強い姿勢が、私は大事だと思います。

おわりに——変容において役立つこと

この間あるスクールカウンセラーの人に聞いたのですが、すごく頑張って学校はきれいによくなったそうです。すると、その人が嘆いて言いました。「学校が荒れて変になっているときには新聞によく出たのに、よくなったら何も出なくなった」と。それで、新聞記者を呼んで、「悪いときにいっぱい書いたのだから、こうしてよくなったことも新聞に書いてくださいよ」と言うと、「いや、よくなったら普通ですから記事にならないんです」と言われたそうです。そういうときに、何か少しでも書いてくれる新聞記者がいてくれたらなあと思いますね。

これは余談ですが、新聞というのは悪いことばかり書き、よいほうを書いてくれないので困るなあと思います。非常にうまくいった例などをもう少し発表できればいいと思うのですが、残念ながら《守秘義務》というものがあって、あまり出版物にも書けないので非常に残念です。

こういう研修会では、そういう話を相当ざっくばらんにできますので、みなさん、私が今言ったような、学校中が荒れていたのを非常に苦心しながら元に戻したとか、すごい非行の子どもをちゃんと立ち直らせたとか、そういう例も発表してもらえればと思います。非行も、根本的には不登校の子と会うのと同じなのです。けれども、ちょっとしたニュアンスで、やはり違うところがあります。そのニュアンスの差などを、こういうところで話し合って直接的に勉強していただいたらよいと思います。このごろスクールカウンセラーの人でこういうところへ関係する人がずいぶん増えてきましたので、この機会にお話ししたしだいです。

今言いましたことは、《文化》というよりは一種の《状況》、《クライメイト》というようなことですけれど、しかし、それはまずくすると長引いてしまい、一種の変な文化的なものになっていく恐れがあります。そう考えてよいのではないかと思います。

ともかく、はじめに言いましたように、われわれは「個人」を非常に大事にして、「個の確立」ということを考えながらやっているのですが、そのためには、背景にある文化を考えねばならない。それは学校文化であり日本文化である。ところが、その文化そのものが少しずつ変容している。そして、まさにその《変容していくこと》にわれわれが役立っている。いうなれば変容に役立つことがカウンセラーの役割ではないか、というように考えています。

以上です。どうもありがとうございました。

（第七回学校臨床心理士全国研修会講演、二〇〇二）

個と集団

何らかの集団に属している個人

今日はたくさんの方に来ていただいて大変うれしく思います。スクールカウンセラーとして、みなさん方がずいぶん努力してくださって、臨床心理士の仕事が一般的に認められてきており、非常にうれしく思っています。

私もよくいろいろ具体的なことを聞かされます。来てもらって非常にありがたかったという話もありますし、いろいろと苦情を言ってこられる方もおられます。両方ありますが、全般的に見て、みなさん、本当によく仕事をしてくださっていると思います。

今回は「個と集団」という題でお話ししますが、これは非常に難しい問題で、考えだすとどこまで行くかわからないようなことがらです。

みなさんが臨床心理士として意識しておられるのは、クライエント個人を大事にするということです。そのクライエントは学校にもいるし、家庭にもいるし、社会にもいます。つまり、みな《個人》でありながら何らかの《集団》に属しています。ですから、個人を大事にすることを考えるには、集団についても考えねばならないわけです。

スクールカウンセラーには、学校のことについて少し理解の足りない人がいるのではないかという声がありますが、スクールカウンセラーは特に、自分が行っている学校はどういうところなのかを考えねばなりません。クライエントの子がどうなっていくのか、どうなるのがよいのだろうかを考えるだけではなくて、その学校、学級、そして家庭についても考えねばならない。それで、こういう表題になったのだと思います。

世界につながる個人のこころ

私は実際にカウンセリングをしていて、「個人のこころは世界につながっている」とよく思います。一人を相手にしているつもりが、知らぬ間に家族や学校を相手にしていることになったり、極端にいうと日本を相手にしていることになったり、あるいは世界を相手にしていることになったりもします。そういうふうになることをカウンセラーが知っていないと、あるいは、よくわかっていないと失敗してしまうと思います。

たとえば、中学生の不登校の子に会っていて、その子が、「学校に午前中だけ来たい」ということを言いだします。そこで、カウンセラーが担任に「午前中だけ来るようにしたらどうだろう」と言うと、「午前中来られて午後は来られないなんて、そんなふうに甘やかしてはいけない。午前中来られるのなら、午後も来られて当たり前じゃないか」と言われる場合があります。せっかくその子が、午前中は来ようと思ったのに、です。

するとカウンセラーのなかには、「どうも担任に理解がない。もっと子どものことを理解してくれないと困る。学校というところは、子どものこころを理解しないからこういう問題が起こるんだ。自分はいろいろ考えてやっているのに、だいたい校長が学校の管理ばかり考えて、生徒個人の心を考えないからだめだ」と言う人がいます。そういうことを嘆いてだけいる人は、カウンセラーとして全然資格のない人だ、と私は思います。

要するに、われわれがカウンセリングをするということは、子どもが「午前中だけ来たい」と言ったときに、「午後も来られるはずだ」と言われる先生も含めて、人間を全体という視点から考えていかねばならない。また、学校の管理を一生懸命考えている校長先生も含めて考えていかねばならないということです。

発想の根本を個人におく

ともするとわれわれは、物事を管理する側から考えたり、全体（＝集団）のことを思って考えたりしがちですが、カウンセラーの特徴は《発想の根本を個人においている》ことです。そこが、ほかの人たちと非常に違うところだと思います。

クライエントもクライエントたる個人で、われわれはこの人を非常に大事にしようというところから出発しています。けれども、この個人に対して、誰が邪魔したとか、誰は理解がないとか言うのはおかしいのです。だいたいどこにでも理解のない人というのはいます。こちらが、「校長は理解がない」と腹を立てていると、校長先生のほうは、「あのカウンセラーは学校教育に対して理解がない」と思っている場合が多いものです。

だから、理解があるとかないとかいうのではなくて、この子の発想や生き方と、世界あるいは学校はどうつながるのか、そこを一緒に考えていこうという発想をしていくと、個人を相手にしているのですが、結局は学級のことも考えざるをえない、家のことも考えざるをえないというように広がっていく。さらに考えていくと、「日本人というものは」というところまで考えたくなることが多いのです。

私がいろいろ日本文化のことについて書いているのをみなさんもご存知だと思いますが、なにも日本文化の研究をするのが目的ではなくて、クライエントたる個人を大事にしているうちに、どうしてもそれを考えざるをえなくなってきたからなのです。

「個人を大事に」は最近の考え方

少し本題からそれるかもしれませんが、われわれカウンセラーは「個人を大事にする」と言います。そして、個人の生き方、発想、考え方を大事にして伸ばしていこうとします。このことを、われわれはある程度当然のように思っていますが、考えてみると、「個人を大切にする」という考え方は、これまではあまりなかったもので、最近出てきたものなのです。そのこともよく知っておく必要があると思います。

だいたい私の子どものころには、個人など大事ではありませんでした。何が大事だったかというと、家が大事だったわけです。河合家というものが大事で、河合家が繁栄したらそれでよかった。そのためには長男のすべきこと、次男のすべきことというように、みな決まっていたのです。そして、家長としての父親が「ああせよ、こうせよ」といろいろ言ったわけです。

実際、昔を思い出しますと、私の同級生で勉強はできたけれど大学へ行かなかった人はたくさんいます。「お父さん、僕、上の学校に行って勉強したい」と言っても、「何をバカなことを。おまえは家の跡を継ぐんだ。家の商売に大学なんて必要ない」とお父さんに言われて、そのまま家を継いだ人もいます。

また、われわれが子どものころには、恋愛は非常に危険視されました。なぜなら、恋愛はだいたい家のバランスを欠く場合が多いからです。それに不思議ですが、周囲の人が喜ぶような恋愛というのは滅多にない。「家の格が違う」とか、「財産が違う」とか、「なんでそんなやつを好きになったのか」などと言われます。人を好きにならないと面白くないのですが、結局は親にさんざん怒られて、泣く泣く見合い結婚をして、あとは幸福に暮らしている人もたくさんおられます。むしろ、恋愛でそのまま結婚していたら不幸になっていたのではないかと思える人もたくさんいるように思います。要するに、昔は家を大事にして、個人はそれほど大事ではなかったのです。

これは日本だけが特殊かというと、そうではありません。中国も同じです。ただし、中国は《家》というよりも、《血のつながり》をものすごく大事にします。また、ニューギニアなどでもそうで、部族の繁栄というものが大事であって、個人など誰も考えていません。

考えてみると、ヨーロッパにしても昔は、個人が大事だとは誰も考えていませんでした。何が大事だったかというと、神様が大事だった。これについてはアメリカ人の友人と個人主義の話をしていて教えてもらい、なるほどと思いました。

今の人たちは個人を大事にしていますから、個人が物事に「コミットする（commit）」というのをプラスの意味で使う人が多いですね。「私はスクールカウンセリングにコミットしているんです」

とか、「臨床心理の発展にコミットしています」と言うと、何かよいことのように聞こえる。しかし、英語でcommitというのは悪い意味が多いといいます。英語を思い出してみたらわかると思いますが、たとえば「commit suicide（自殺する）」とか、「commit crime（罪を犯す）」とか、悪いことばかりです。

それはなぜかというと、人間がコミットするとろくなことはない、という考え方があったからです。つまり、神の意のままに生きるのが本当であって、人間が自分の思いでコミットしたりすると自殺するか罪を犯すぐらいだという考え方が強かったのです。そのように考えると、神の力は非常に強く、個人が自分の意志で何かするなどというのはとても考えられませんでした。

個人主義を支える強い倫理観

ところがヨーロッパでは、キリスト教というすごい神をいただきながら、人間がだんだん強くなってきました。ルネッサンスなどを経て、ますます個人が強くなっていきます。個人が強くなるうえで、自然科学が大きな力をもち、科学技術が発展して人間はいろいろなことがどんどんできるようになります。それまでヨーロッパで猛威をふるったペストを、いくら神に祈ってもどうにもならなかったのが、医学の発展で駆逐できるようになったのです。

そうしてついに、神様より科学のほうが強いではないかということで、だんだん個人が力を得てくるのです。しかし、個人が強くなってくる背景には依然として神とのつながりがあります。西洋の個人主義は、キリスト教からだんだん離れてきているようでありながら、キリスト教的な倫理観をそのままもってきているので、個人主義が利己主義にならないという利点をもっています。

欧米の人と本気でつき合ってみますと、しっかり生きている人は、本当に個人を大事にしており、しっかりした倫理観に支えられているのを感じます。

その点われわれ日本人は、今まで個人よりも家を大切にしてきたのが、家が潰れてからは会社が家の代わりになりました。会社のために頑張り、会社を大事にする。私のように大学に勤めると、大学にいることで何となく自分が安定する。それで、「大学のために」ということで生きるようになって、やはり個人は小さくなっていきます。

日本人の「個」を支える倫理

日本人には、「何となく自分がしたいことができていない」という感じがあります。それは、あの人のことも考えなければならない、この人のことも考えなければならないというので不自由な感じがするからです。そういうのを取り払って、もっと個人が自由にやろうと思った場合に、その個人の倫理は何によって支えられているのか。そういうことをほとんどの人は、今まで不問にしてきたのではないかと思います。

最近の日本の若い人たちに会ってよく感じるのは、個人主義で頑張ろうとしているけれども、個人主義を支える倫理は何かについてほとんど考えていないということです。そういう場合、個人主義は非常に単純な利己主義に陥ってしまいがちです。

私はアメリカ人、ドイツ人、スイス人の友人から、「日本人はバラバラ個人主義だ」とよく冷やかされます。家族のつき合いがなさ過ぎるというのです。アメリカへ行ってもヨーロッパへ行っても、みんな、なかなか家族が仲よく暮らしています。それは、個人で生きていくということがどんなに孤独であるかということを、彼らはよく知っているからです。長い歴史の中で個人主義をつくってきたので、個人がバラバラにならない工夫や訓練を常日ごろしているのです。たとえば、家族はみな居間にいて、個室に入ってしまわない。個室に入るのは寝るときだけ、というように訓練されています。

ところが、日本人は急に個人主義になったので、食事が終わると勝手にさっさと自分の部屋へ入ってしまって、親も子どももバラバラで、「バラバラ個人主義」になってしまっている。そういうふうによく批判されますし、ときには「いったい日本人は何をやっているのか」と笑われることもあります。

そうしたことを突き詰めて考えていきますと、どうしても最後に、「われわれ日本人の〝個〟を支える倫理はいかなるものか」ということを考えざるをえなくなってきます。その問題がずっとこころの片隅にありましたので、私はとうとう、一つの考えを『神話と日本人の心』(岩波書店、二〇〇三)という本の中に書きました。それが、私なりの解答です。

カウンセラーの個を支えるもの

日本人もやはり、個人を大事にすることに違いはありません。われわれはカウンセリングにおいて本当に個人を大事にしますが、いったいそれは何に支えられているのか。いろいろと考えて、ついに日本の神話に考えが至ったわけです。みなさんの場合は、何も日本の神話とはかぎりません。自分の個、つまりアイデンティティを支えているものはいったい何か――カウンセラーをしているかぎり、それを不問にしておくことは怠慢だと思います。

クライエントはまさにそういう問題をもってやって来ます。中学生でも、高校生でも、本当にそういうことを考えている子がいるのです。クライエントが、いったい私は何のために生きているのか、私は何に支えられているのか、個人や、個人の気持ちがそれほど大事だというのなら、私が人を殺したいと思って、「人を殺していいですか」と聞いたら、それを認めてくれるのか、とそういうことを言う子がいます。そのとき「いけない」と言い、「なぜいけないんですか」とさらに聞かれたら、みなさんはどう答えますか。

クライエントの「学校へ行けない」「学校でいじめられている」という話を聞いているなかで、背後ではいつも「自分の個は何によって支えられているのか」「自分はどう考えるのか」ということを考え続けなければなりません。われわれはカウンセリングをやっているかぎり、絶えずそのことを探求し続けなければならないのです。

直接的には聞かれないにしても、高校生や大学生と話をしていると、「この子たちも同じようなことで悩んでいるのだな」と思うときがあります。ただ、私が言ったようなかたちで悩みを表現することができないだけです。

表だっては、引きこもってどこへも行きません、というような格好になっています。「学校なんて行ったってしょうがないでしょう」「就職したってしょうがないでしょう」「結婚？　そんなもの、どうせ大したことはないでしょう」と言う。そういうように大したことがあるとか、ないとか言っている子は、本当は「自分はいったい何のために生きるのか」「何が生きることの支えになるのか」ということを問題にしているのです。しかし、そういうことをうまく言えないので、「これも仕方ない」「あれも面白くない」というふうな表現になって出てきている。そのとき、われわれのほうが自分のこころの中にそれをもっていてこそ、そういう人に出会えるのではないかと思うのです。

ただ、われわれは宗教家でもないし、道徳家でもないので、そういうことをクライエントにこちらから言うことはありません。自分はこう考えているから、あなたもこう考えなさいとか、あなたも仏を信じて生きなさいとかは言わない。そういうことは言わないけれども、「個と集団」ということを考える場合、カウンセラーは、個人を支えるものは何か、自分がそのことについてどう思っているのかということを、ずっと考えつづける必要があると私は思っています。

自分を投げ出してこそカウンセリング

以上のようなことを前提にして、もう少し具体的な話になっていきますが、実際に個人を相手にしていて、クライエントがこうしたい、ああしたいと個人的なことを言うとします。たとえば先ほどの例でいいますと、学校に「午前中だけ行きたい」と言ったときに、「午前は来られて午後は来られないとは、甘えるな！」と先生が言われたら、これは先生に理解がないと言う人がいるかもしれません。

私はそういうとき、「先生の言うのも一理あるなあ。この子が午前だけしか行けないと言うのも一理あるなあ」と、両方思います。その際一番まずいのは、「これは個人と、学校つまり制度の問題だ。だからカウンセラーは、個人を大切にするのか、制度を大切にするのか、どちらかだ」と考えることです。こういうのは、カウンセラーの考え方ではありません。

われわれにとっては、右か左か、自分はどういう主義で生きているのか、というようなことは問題ではありません。今この子は「午前だけなら出る」と言っているが、担任は「午後も来い」と言う。このなかで、具体的にどういう解決が生まれてくるのか。その具体的な解決策を一緒に考えていこうというのが、われわれの態度だと思うのです。

その段階で、答えは本当にいろいろです。マニュアルには、「そういう場合は、学校の先生に従いなさい」とか、「学校と闘いなさい」とか記してあるかもしれません。しかし、決してそんな単純な考え方をしてはいけません。「午前だけ行きたい」と言う子も一人の個人として大事ですし、「午前に来られたら、午後も来られるはずだ」と頑張っている先生も、個人として大事なわけです。そういう人たちをみんな大事にして一緒にやっていこう、というのがカウンセリングです。

そこで、私はいつも思うのですが、カウンセリングをしていると、こちらの体が分裂してしまいそうになったり、どうしていいかわからなくなったりするようなことがあります。しかし、そういうところへ自分を投げ出していくからこそカウンセリングなのだと思います。

「その考え方は、この法律によるとこっちです」とか、「その考え方は、こちらにしましょう」というようなことをするのなら、わざわざカウンセリングをする必要はないわけです。われわれがわざわざ一対一で会っているということは、自分という〝人間〟もそこに入れ込んでいかねばならないのです。

「僕は自分で決めたい」

例を一つ挙げましょう。

今からもう三〇年ほど前のことです。当時、私のところへ中学生が自分から相談に来るというのは滅多にありませんでした。だいたいは親か先生に連れられて来たのですが、珍しく自分から来た子がいます。

「どうしたの？」と聞くと、自分は養護施設にいる。お父さんもお母さんも死んでいなくて、お祖母ちゃんに育てられた。けれど、お祖母ちゃんが育てられないというので養護施設に入っている。もうすぐ中学校を卒業して就職することになっている。うどん屋とペンキ屋か何かの就職口があるけれど、自分はどちらに行ったらいいと思うか相談に来ましたと言います。

それから、「心理学にはいろいろテストがあるみたいですから、どちらがいいかテストしてください」と言いますので、私は、「そんなテストはないけれど、せっかく来たのだから、まあしゃべっていきなさい」と言いました。こちらが話を聞くつもりになると、その子は就職の話などすぐにやめて、「先生、なんで僕は就職しないとだめなのか」と言います。ほかの子は、みんなほとんど高校へ進学する。僕はなぜ就職しないとだめなのか。うちは金もないし、こうだしああだしと、僕が自分で考えて就職しかないと思うんだったらいいけれど、先生は頭から「おまえは就職だ」と決めてかかっている。しかも、「うどん屋と何かと、どっちにする？」という先生の考え方は、おかしいと思いませんか、と言うのです。たしかにそのとおりなので、「うーん」と聞いていました。いろいろ調べたら、僕だって高校へ行けることがわかった。定時制なら行ける。定時制なら、仕事をしながら高校に行けるんです、というような話をしだします。それで、「君、よく考えたなあ。だったら一緒に考えよう」と言うと、それからまたやって来ました。

次のときは、就職の話などは全然しなくて、自分の生い立ちを話します。お母さんが死んだときにどんなに辛かったか、お祖母ちゃんと住んで、お祖母ちゃんとずっと二人で暮らせると思っていたのに、偉い先生が来て、お祖母ちゃんではだめだから施設に入りなさいというので施設に入れられた。だけど、なんで、誰が勝手にそういうふうに決めるのか。

僕のことは、今まで、みんな誰かが勝手に決めてきた。ここに住んでいてはだめだとお祖母ちゃんから引き離され、ここの施設に住めとか、就職しろとか、全部他人が決めてきた。今度は、僕は自分で決めたい。自分で決めて、高校へ行きたい。夜間の定時制高校へ行きます、と言う。

私はたいへん感激して聞いていました。その次がいいのです。「それでも僕は、今まで全然勉強していないので、英語と数学と国語が受験にない学校へ行きたいと思います」と、急に話が変わりました。

そのとき私は、ここまで考えている子に何とか受けられる学校はないのかと思いました。私は、「君、よく考えていて、なかなかいいぞ」と言って、高校の受験要綱を書いてあるものを持ってきて、二人でものすごく調べました。その子が、「先生、音楽高校があるんだったら、体育高校もどこかにあるはずだ。僕は体には自信があるから、体育高校だったら行ける。そこなら、英・数・国なんかないはずだ」と言うのです。

助けを得て自力で辿りつく

しかし、どこを探してもそんな高校はありません。二人でさんざん探した後で、その子が「もうしようがない。今から勉強するか」と言って勉強しだしました。

ところが、学校の先生に言いにいくと、先生はすごく機嫌が悪いわけです。その当時、中学校を出てすぐに就職する子なんていないので、先生は先生なりに気にかけていたのに、「就職はやめて進学する」と言いだしたので、先生の機嫌が非常に悪くなりました。「だったら勝手に受けたらいい。おまえは勉強もしてないので、どうせ落ちるだろう。落ちてから、就職するというときに、また来い」というようなことを言った。ところが、その子は高校に受かります。びっくりしました。にわか勉強だったのですが、うまく受かりました。その子は大喜びで入学しました。

その子が英・数・国の試験科目のない学校と言ってきたときに、「そんなものあるか」と言わずに、「だったら探してみよう」と、一緒に探したのがすごくよかったのだと思います。一緒にいろいろ調べて、もうこれは勉強するよりしようがない、そういうところへ本人が辿りつき、そこから必死に頑張って勉強をした。それで、うまくいったのだと思います。

そういうことが、われわれカウンセラーのすることです。手っ取り早く結論を言ったり答えを言ったりする前に、本人の行きたいと思う道に沿って、そこから解決を見いだしていく。ただし、現実は厳しいわけですから、甘いことを言っていても答えは出てきません。しかし、その厳しい現実の道を一人では行かせない。「こちらも、ある程度ついていこう」という、これが大事ではないかと思うのです。そうすると、人は一人ぼっちで生きているのではない。この世でいっぱいほかの人とつながって生きているのだ、ということになると思うのです。

カウンセラーへの依存

もう一つよくあるのは、だんだんやっているうちにカウンセラーに、「それなら、先生が言ってください」と言う子がいます。先ほどの、午前だけで午後は行けないと言う子の例でいうと、その子が「僕は本当にしんどいのに無理して行っているんです。午前だけでも大変だと思うのに、先生は午後も出ないとだめだと言う」と言っても、「うーん、そうだなあ」と一緒に考える。われわれは「先生が悪い」とも、「君が悪い」とも言いません。一緒になって苦しんでいると、「先生がそこまで言うのなら、担任の先生に言ってください」となります。これは、クライエントがよく言います。「お母さんに言ってくれ」というのも、すごくあります。

その場合、カウンセラーは非常に難しいところにいる、ということを忘れないでください。そのとき右から左に、「ああ、わかった、僕が言ってやる」というので、担任のところへ行って、「あの子は午後は無理ですから、午前だけでは……」と話す。それで、「午前だけでよかったわ」ということになって、「そのうちに頑張ろうな」と言う。私の場合は、そういうことはなるべくしないようにしています。〝なるべく〟というのは、絶対にしないというわけではないけれど、なるべくしないようにしている、ということです。

みなさんはわかると思いますが、そこを自分の力で乗り切っていってこそ、その人は強い人間になれるわけからです。そういうときに、私が右から左に先生に言いにいくことで、カウンセラーに頼れば何でもうまくいくというように思いだすのは、よくないことです。また、カウンセラーのほうも、クライエントのために何かしてあげてうまくいくと、「先生のお蔭です」ということになるから、ついやりたくなるところもあります。

だから、私は可能なかぎりそれをしません。〝可能なかぎり〟というのは、「ここで私がやらなければ、この関係は潰れてしまうだろう。将来も考えて、ここは自分がやっておくほうがよいのではないか」ということもある、ということです。いろいろ考えて判断した場合は、失敗しないものです。

後々何が起こるか見届ける

ところが、よく考えずに、「ああそう。じゃ、僕が言ってきてやる」と右から左に担任に言い、そして担任も、「カウンセラーの先生もああ言っておられるし、午後は来なくていいよ」となったとします。「ありがとう」「いやいや」となって、カウンセラーのほうが喜んで天狗になり、現実を見る目がどこか甘くなってしまう、といったことにもなりえます。

そうしたことは、本当はその子が自分でやるべきことなのです。最後はやっぱり自分でやろう、と思っている場合もあります。カウンセラーは、その後、この子はカウンセラーに何でもかんでも頼むようになっていないかとか、カウンセラーを頼ってはいるけれど自分でも努力しているかとか、全体を読んでいくことが大切です。つまり、自分がやったことが、後々どういう意味をもってくるのかをよく見ていることです。

カウンセラーは本当に右にしていいか、左にしていいか、ものすごく迷うときがあります。そういうときに一番大事なことは、後でどういうことが起こるのかを、ずっと見ていることです。ずっと見ていると、自分があのときに言ったことが、よかったのか悪かったのかがだんだんわかってきます。

一番まずいのは、クライエントに何も言わずに密かにやってしまう人です。これが一番失敗のもとです。クライエントには「よし、わかった。だけど、君も頑張れよ」と言っておいて、クライエントに言わずに担任に「あの子が午後来るのは無理ですから、来なくてもいいようにしてください」と頼んでおく。クライエントが行くと、「まあいい、しようがない。午前だけ来いよ」と担任が言う。「このごろ、あの先生、何かちょっとわかるようになってきました」とクライエントが言うと、「ああ、そうか、よかったな」とか言いながら、〝自分が言っておいたからだ〟と思う。こういう人は一番下手な人です。なぜなら、クライエントが自分の人生を生きていないからです。クライエントが生きる人生を、カウンセラーが肩代わりしてしまっているのです。

悲劇的な事例

今はもうそんなことをする人はいないと思いますけれど、昔、まだ臨床心理士という資格が何もできていないころに、産業カウンセラーの人から、こうした悲劇的な例を聞いたことがあります。

ある産業カウンセラーのもとに、デプレッション（＝うつ）のクライエントが来て話を聞いてもらっていた。そのクライエントは正義感の強い人でしたが、何のことはない配属された課で、変なマージンを取ったりして課長ぐるみで汚職が行われていて、浮いたお金で飲んだり食べたりしていたのです。その人はそれを知って、「こんなことをしたら、だめなんじゃないですか」と言ってみんなにすごく嫌われ、いじめられて、仕事に行けなくなり、カウンセリングを受けに来たわけです。

産業カウンセラーは、それを聞いて怒りを感じます。あの課長以下は何ということをやっているのかというので、すぐに人事の人に「人事部では気づいておられないでしょうが、あそこの課では変なことをやっていますよ」と言ってしまいます。人事はものすごく喜んで、調べてみると大変なことになっていた。しばらくして、その課長以下、悪いことをしていた課員は全員左遷されて、その課は顔ぶれが一新します。

すると、そのデプレッションの人が、「私はもう元気で行っています。どうしてわかったんでしょうかね。何かバレたらしくて、今ではうまくいっています」と言う。カウンセラーは自分がしたとはもちろん言わずに、「よかったですね。世の中というのは、悪いことをしているとバレるものですよ」とか言いながら、腹の中では「へへえ、うまいことやってやった」と思っていた。ところが、しばらく経って、そのデプレッションの人は自殺してしまいます。もうずいぶん昔のことなので言ってもいいと思い、お話ししました。

カウンセラーの関わり方

これは、すごくわかりやすい事例ですね。そのデプレッションだった人は、自分の問題で喧嘩したり、いじめられたりされることと闘って人生を生きていくほうがよほど意味があったのに、一番大事なものを誰かが横から取ってしまった形になってしまったのです。つまり、カウンセラーがです。いってみたら、力士が横綱の胸を借りて突撃したけれど、横綱がひょいと横に飛んだのでドーンと柱に当たって死んでしまったのと同じです。

だから、全体を見るということがすごく大事なのです。世の中には悪い人間がたくさんいるのだからその課長を放っておけとか、カウンセラーは守秘義務があるからどうだとかいうのではありません。今どういうことが起こっているのか、そのなかでその人が相談に来て、そこにカウンセラーが関わって、全体はどう変わろうとしているのかを考えなければならない。全体を見ずにその人のことだけを考えて、右から左に物事を進めると、かえってその人にとってものすごくマイナスに作用することがあります。この事例では、結局、クライエントは自殺してしまいます。そういうことにもなるのです。

当時はまったく訓練を受けていない人が、何かの拍子で産業カウンセラーをやっていたような時代ですから仕方がなかったともいえます。みなさんはきちんと訓練を受けているわけですから、そんなバカなことはしないでしょう。しかしだからといって、カウンセラーは守秘義務があるから誰にも何も言ってはいけないだとか、カウンセラーはクライエント個人の成長を祈っているから何もしない、というような考え方でも絶対にだめなのです。

そういう全体の中に組み込まれた私が、そのような状況の中で、カウンセラーとしてこの人と共にどのように生きようとしているのか。それを考え、実践するのがカウンセリングではないか。だからこそ、私はカウンセラーを専門職だと思っているのです。マニュアルに書いてあるとおりにやってうまくいくのであれば、専門職でなくてもいいのです。誰にでもできるのですから。しかし、みなさんはきちんと訓練を受けて鍛えられているから、そこへ行っているわけです。

カウンセリング草創のころの事例

次にお話ししますのも、私がカウンセリングをやり始めたころ、もしかすると昭和三〇年になっていなかったかもしれませんが、そのころの事例です。当時われわれが知っていたことといえば、ロジャーズ（Rogers, C. R.）のやり方だけでした。ともかく相談に来た人を尊重して、その人の言うことをよく聞いて、聞いたことは絶対に人に言わずに、ひたすら受け入れねばならない、というものでした。あとのことは、はっきりよくはわからない。そういう状態でやっていました。

それでも、たくさんの現場の先生方とよく一緒に合宿したりしました。ほとんど徹夜に近いぐらい熱心に話し合いをしたものです。そのころ、京都のカウンセリング・センターにおられた先生方と、何度も夜を徹してしゃべり合いましたが、そのなかに素晴らしい先生がおられました。その先生に聞いたことはいまだに忘れられません。

「カウンセリングをする」と言いますと、当時のことですから学校の先生は、「カウンセリングみたいなもの、役に立つか」と言っておられたのに、その先生はすごく才能のある人でしたから、その先生がやり出すと、中学生がどんどんよくなってきました。みなびっくりして、カウンセリングというのはすごいものだということになりました。

当時、学校に番長がいて、めちゃくちゃやっていました。タバコを吸うのは当然で、ガラスをたたき割ったり、人を蹴飛ばしたり、殴ったりと、相当な札付きの子でした。あの子をよくしてくれたら、カウンセリングも本物だ。あなたにあの子を任せるということになりました。

それからが面白いのです。職員会議で校長先生が、あの子はカウンセラーに任せることにしよう。あの子の行状――ガラスを割ったとか、誰を殴ったとか、タバコを吸っているとか――に関するかぎりは、いちいち職員会議で報告しなくてよろしい。カウンセラー一人でできるだけやってくれ、ということになります。校長先生もすごい人です。

そういう契約が成立して、その先生が番長の子を呼んできて、「カウンセリングをすることになったから、何でもいいからしゃべろうか」と言うと、「そんなこと、やったってしようがない」と言います。「君が言うことは、誰にも言わない。校長にも言わなくていいし、職員会議でも言わなくていいことになっている。僕だけが聞いているんだ」と言うと、その子がどんどんしゃべり出したのです。そしてしゃべっているうちに、札付きの番長が急激に、本当にびっくりするほどよい子になってしまったのです。

あの番長が普通の子になったというので、学校中の評判になります。ところが、番長が普通の子になると、すごく迷惑する子たちがたくさんいました。番長の周りにいた子分たちです。何かあると、「あいつ（番長）がやった」と言い、番長だった子も番長ですから、「俺がやった」と先生と言い合いしたりするのでみな楽しんでいたのに、それが普通になったら子分はみな困るわけです。

彼らの間にはルールがありました。その子に喧嘩を売って殴り合いになったら、その殴り合いを収める儀式のようなものがあって、それで元へ戻ったということになる、というものです。

ですから、子分たちが元番長にちょっかいをかけます。それで、その子がカウンセラーに言いにきます。廊下を走っていたら、足をパッと出して倒したりするわけです。それをまた、その子がカウンセラーに言いにきます。「先生、また今日もやられた。そこで、『なにいっ！』と言ったらもうお終いなんだ。みんなで殴り合いになって元へ戻るんだ」と。「倒されて、どうした？」と聞くと、「それはまあ、ほこりを払って立ちましたけど」と言います。「おまえは偉いなあ。そんなもんかあ」と言っていたら、それが隣の学校まで波及していきました。つまり、隣の学校の番長以下、みんな全然面白くないわけです。

ある日、下校時に校門のところに隣の番長以下が待ち受けていました。その子が出ていったところ、隣の番長に捕まって、「おまえ、このごろいいかっこしやがって」とあれこれ文句をつけられて、やっているうちにとうとうその子もカッと来た。それで、「やかましい。今日の四時から殴り合いだ」ということになります。

カウンセラーが秘密を守れないとき

それで、四時に河原のどこそこで会うことになった。それからが面白いのです。その子はカウンセラーを呼び出します。「どうした？」と言うと、「先生はたしか、僕の言うことは誰にも言わないと言ったね。校長にも、ほかの先生にも言わないって」「私は絶対に誰にも言わない」「ちょっと言っておくけど、今日の四時から大変なことが起こるんだ。まあ、明日の新聞に載るだろうけど。何々中学校少年Aとかなんとかで、僕のことだよ、だいぶ血も流れるな、棒を持っていくから」と言います。「それは大変じゃないか」と言うと、「大変だけど、ここまで辱められて黙っていたら男がすたる。僕は行くけど、先生にだけは言っておこうと思った」と言うのです。なぜなら、先生は秘密厳守だからだというのです。

その先生は非常に困りました。みなさんなら、こんなときどうしますか。そこからその先生のやったことを、私は本当にすごいと思います。どう言ったかというと、「そうか。おまえが命をかけて決闘するというのを聞いた以上、もう僕はカウンセラーを辞めさせてほしい。僕は、そんな話を聞いて秘密厳守できるような人間じゃない。だから、カウンセラーを辞めさせてくれ」と言ったのです。

「辞めさせてくれと言ったって……」とその子は言いますが、「おまえと約束したから、おまえに今辞めさせてくれと言っているんだ」と先生は言います。「辞めたかったら辞めたらいい」とその子が言ったようです。それで、「カウンセラーは辞めた、いいな。よしっ、辞めたら僕は中学校の先生だ。中学校の先生が、自分の知っている親しい子が、四時から決闘するというのを聞いて黙っていることはできない。校長と教頭に今から言おうと思う。言ってもいいか」と言った。「そんなこと、勝手にしたらいい」と言うので、そこから電話をかけて、「校長先生、大変なことになりました」と言うと、校長と教頭が駆けつけてきて、頼むからやめてくれと言います。

その子は、「やかましい。俺は行く」とか言っていたけれど、そこでちゃんと格好がついているわけです。絶対に喧嘩しに行くと言っていたのに、校長と教頭が手足をつかんで泣かんばかりに頼んだから、とうとう決闘には行けなくなった、しようがなかったということでみんな収まります。決闘も起こらないし、その子もそれで顔が立つしで、みんな喜んだ。特に喜んだのは、校長先生と教頭先生です。本当だったら、新聞にでかでかと載るところでしたから。

カウンセラーを辞めるとき

「カウンセラーはやっぱりすごい」ということになったのですが、その先生は言いました。偉そうなことは言えない。秘密厳守で中学生の話を聞くなどという大それたことは自分にはできない。だから、辞めると言ったからにはもう辞めるというので、校長先生に「私はカウンセラーを今日かぎり辞めます。もう一生しません」と言ったそうです。

すると、校長先生が必ず言う台詞ですけれど、「そういうことを言う先生こそ、やっていただかねばならない」と言われたそうです。それでも、「いいえ、校長先生が何と言われようと、私は辞めます」というので辞められた。本当に寂しかったそうです。人間というものは、人の話を本当に聞いたり、秘密厳守などできないのに、今まで偉そうによくやっていたものだと思って、ものすごく悲観したそうです。

そこへ、次の週にその子が来たそうです。「先生、今日はカウンセリングの日だよ」と言います。「カウンセリングの日って、僕は、先週辞めさせてもらっただろう」と言うと、「先生、あれはカウンセラーとして一番いいことをやったと思うよ」とその子が言ったそうです。それで、その先生はその後もカウンセラーを続けられるのです。

これはすごくいい話だと思います。何から言ってもすごい。その先生が、陰で隠れて処理するのではなくて、何もかもオープンにやった。それだけではなくて、自分はだめだと思ってカウンセラーを辞めた。「自分はカウンセラーの資格のない人間だ」と中学生に言って、しかもその中学生に、それがカウンセラーとしては一番最高であったと認められたのですから、すごいです。本当に考えてみると、カウンセラーの評価を一番できるのは、中学生かもしれませんね。

にじみ出る人間性

この話からわかると思いますが、そこにはカウンセラーの人間性、人格というものが入っているということです。私はここでよい方法を教えているのではありません。何度も同じことを言いますが、覚えておいてください。「わかった。俺もあれで行こう」というのはやめてください。人の真似は絶対に失敗します。「私は今日かぎりカウンセラーを辞めさせてもらいます」と言うと、「ああ、辞めてくれてよかった」で終わりになりかねません。

私は思いますが、いざというときにカウンセラーの個性が輝くのです。どんな方法が出てくるかはわからないけれど、個性が出てくる。そこで大事なことは、クライエントをだまさないということです。陰で電話をかけるというようなことは絶対にやらない。正直に対応しながら、自分の個性をぶつける。そういうことができた場合、うまくいくといって間違いないと思います。私もたくさんの経験をしてきましたし、たくさんの人のスーパーヴァイズをしてきましたが、その人の個性がぎりぎりのところで輝いたとき、必ずいい答えが出てくると思います。

それを、陰でごまかそうとしたり、この場合どっちがいいのだろうというように考えないことだと思います。みな自分という人間をよく知っている。先ほど「個人」ということをいうかぎり、自分は「個人」として何に支えられているかということを考えざるをえないと言いましたが、それと同じことで、自分という人間はどのぐらいの器で、どのぐらいのことをやれる人間かを知っていることが、やはり大事だと思います。

ただ、そのときに「これは自分の限界を超えますのでやめさせてもらいます」というのはだめです。限界に挑戦するのがわれわれの仕事なのです。限界に挑戦し限界を破って、そこでまた、われわれは人間として成長していくのです。

こころとこころで接する

先ほど、非行少年と会うのはなかなか難しいと言われていましたが、これはある程度わかる気がします。特に女性の方の場合は、不登校や神経症的な子には会いやすいけれど、シンナーをやっている子とか、人を殴り倒しているとかいう非行の子に会うと、少し怖いと思われるかもしれません。しかし、根本的にはみな同じだと思ってください。外への出方がそのように出ているけれど、個人のこころを大事にするという態度をこちらがもっているかぎり、怖がる必要はありません。

ただ、はじめはなかなかそうもいかないと思います。一人でも二人でも会うことができると、またそれで成長します。「なんだ、おまえーっ」とか言いながら部屋へ入ってきた子でも、「どうしたの?」と言ってこちらがその子のこころを尊重していることがわかると、さっと変わる子がすごく多いです。ただし、それがわかるまでは、「そんなことしたって、しようがないやないか!」と怒鳴る子もいます。怒鳴るのは怒鳴ってもらったらいい。

私はいつも思うのですが、二〇分以上怒鳴りつづけられるのはよほどの人です。「はい」と言って聞いていると、二〇分も経つと、何か言うことが変わってきます。「カウンセリングなんて役に立たないじゃないか」とか、「こんな生ぬるいことをしてどうなる」とか言って怒っている人でも二〇分ぐらい経つと、「そりゃ、カウンセリングの意味がわからないでもありませんが」と必ずなります。その辺から、「そうですか」とか言って感心して応対すると話が変わります。

そういうつもりで接していると、どこか、こころとこころが接してくる。実際、今の日本の大きい問題は、こころとこころが接して人と人とが会うという機会があまりにも少なくなっていることではないかという気が私はしています。いつも言っていることですが、こころとこころが接しなくても、できることがどんどん多くなり過ぎている。便利になり過ぎて、機械を上手に扱えば次々と答えが出てくる。欲しいものがすぐもらえる。こころはなくても、お金と機械だけあればいいわけです。

ところが、そういうなかで、やはり人間のこころとこころとが接しないと答えが出てこないことが人間世界にはあるのです。そこのところが大切で、それを欲しているのだけれど、自分で何を欲しているのかがよくわからない。そういう子が暴れているのだと思って間違いありません。

ガラスを割ってみたり、暴れたりしているけれど、本当は「おまえら、こういう俺をどうして放っておくのか」と言っているわけです。だから、そういう子にわれわれが近づいて、本当にこころとこころが接することができれば、もう大丈夫なのです。そうはいっても、なかなか簡単にはいきません。しかし、根本的にはそういうことが大事だとわかればよいと思います。

自分の限界を知り、それをはっきり知らしめる

先ほどから言っていますように、その子の「個」というものの現れが、社会や集団とのあいだに葛藤を起こしていくのですが、その葛藤を一緒に悩み、一緒に考えることで答えが出てくると思います。よほどの場合でも答えが出てきます。

しかし、一緒に悩み、苦しむといっても、やはり人間ですから、人間としての限界というものがあります。それを、自分の限界を超えて一緒に悩むようなふりをしたり、一緒に苦しむようなふりをしてもうまくはいきません。このあたりのところが非常に難しいのではないかと思います。

ここから先は私はだめだ、ここから先は私は行けないという場合、そのことをはっきり言ったほうがよい、と私は思います。そこから先は集団と葛藤を起こすことになるのだけれど、集団と葛藤を起こしてはいけないからだめだというのではなくて、ここから先はカウンセラーとしての自分がもう耐え切れないということを言う。

たとえば、人を殺すとか、自分が死ぬとか言っている人の場合、ある程度はもちろん話を聞きます。話を聞きながら、一緒に苦しんでいきながら、そこでその人が反転して、やっぱり死ぬのをや

めますとか、殺すのをやめますというところへ来てくれたらいいけれど、どうしても変わらないような場合は、「それは絶対にやめてください」ということを言うほうがはっきりします。

私は、シンナーの場合は、「シンナーは絶対にやめてほしい」とはっきりと言います。なぜかというと、シンナーで頭がおかしくなった場合は、後で取り返しがつかない、治らないからです。変になっても後で元に戻るのなら、少しぐらいは構わないかもしれませんが、シンナーの場合は、いったん頭が破壊され変になってしまうと、元に戻らない。だから、これは絶対にやめてほしいとはっきり言います。

また、ここから先は絶対承認ならないというところは、これも自分の力の限界として、相当明確に言ったほうがよいと私は思っています。そういうことは、私ははっきり言うことにしています。これができないかぎりは、もう自分は一緒に行けないということを言うわけです。

何度も言いますが、それも自分という人間をそこに出して明確にしているかぎりは、だいたいわかってもらえます。そのために怒る人もいます。「先生はわかったようなことを言って、本当はわからないんだろう」とか、「人の気持ちに同情するような顔をして、本当は冷たい人だろう」というように言う子もいます。そういうときは、「冷たいか何か知らないけれど、できないことはできない」と頑張ればいいのです。じっと頑張っていると、相手にとっても、怒れるところがかえっていいのではないかと思ったりします。

カウンセラーに、「先生は冷たい」とか、「先生は訳がわからん」とか、「先生は人情がないんじゃないか」とか、そういうことを言って正面から怒れるのは、素晴らしいことです。ですから、相手がいくら怒っても「できないことはできない」と頑張り抜くことです。いうなれば、私が社会の代表として、あるいは学校の代表として、そこに壁になって立っているという感じです。

社会や学校に対してはそれほど悪口は言えなくても、私には怒れます。怒れるだけいいと思います。いくら怒ってもこちらが「変わらないものは変わらない」と明確にすることで、またその人は生き方を変えてくれるのではないかと思います。

「個と集団」の話は、はじめにも少し言いましたように、いろいろな観点から考えることがたくさんあって、われわれカウンセラーとしては、どこから考えても不問にすることのできない、非常に大事なことだと思います。みなさんも、これから考えていただきたい。そしてその考えるなかに、自分の個性と、自分という人間が入ってくるのだということを忘れないようにしてほしいと思います。

以上で終わります。どうもありがとうございました。

（第八回学校臨床心理士全国研修会講演、二〇〇三）

学校という場における関係性をめぐって——全体を見る・関わる・つなぐ

はじめに

今日は、関係性ということを中心にお話しします。

「関係」ではなくて、わざわざ「関係性」と言っているのはどういうことか、というところからまず考えたいと思います。人間と人間の「関係」について考えるときには、いろいろな関係があるということ、それがどういう意義をもっているのか、といったことを相当に考えないといけない。そういうことを十分に考えることが今の時代には必要なのだという意味で、「関係性」と言っているのだと私は思っています。

最近、私はスクールカウンセリングに関する文章を書いたりするときに、現代人の病の一つは関係性の喪失だということをよく書いています。関係性というものがなくなってきた――これは非常に怖いことではないかと思います。

みなさんは実際に学校に行っておられますのでおわかりだと思いますが、小学校一年生のクラスの先生なんかがたいへん苦労されるのは、「さあ始めますよ」と言えば授業がすぐに始められると思っていたら、生徒が教室に入ってこない。そしてそれぞれ勝手なことをやっている。「中に入りなさい」と言って一人の子どもをなんとか教室に入れたら、他の子が出て行く。昔は、そんなことは考えられなかった。始業のベルが鳴ったら何も言わなくてもみんな教室に入ってきて、先生が前に立たれたら、それだけですっと関係ができたんです。ところが今はそれができない。

なぜ、そういうことが起こっているのか。それがわからないから、みんな困ってわれわれカウンセラーのところへ相談に来られるわけです。そのとき、われわれカウンセラーは、なぜそんなことが起こっているのかということを、相当根本的に知っていないといけないと私は思っています。そして、どんなふうに関係をつけるのかとか、どんな関係ならあるのかを言う前に、なぜ現代はそういう関係性の喪失ということが起こっているのかということを、すごく考える必要があると思います。ですから、今日は実際的な話になる前に、少し理屈っぽい話になると思いますし、それだけで終わってしまうかもしれません。

母と子の一体感が人間関係の根本

人間関係の根本は、私はやはり〝母と子の関係〟だと思います。要するに、もともとお母さんと一体だったという「一体感」です。一体なのですから、関係以前といってもいいくらいです。これはもう、なんといってもわかりやすい。〝何も言わなくても一緒だよ〟という感じですね。考えてみれば、一切の説明抜きで一緒だよというのは、こんなに嬉しいことはないし、こんなに安心することはないのではないでしょうか。結局、こうした一体感が、われわれの生きていく根本になっているのかもしれません。だから、そういうことを「基本的信頼感」と言った人がいます。われわれにとって最も基本的な信頼感は、われわれが生まれたときにお母さんと一緒だったということです。

なぜお母さんなのかといいますと、それは当然で、男はいくら頑張っても子どもを産めませんので、お母さんとの一体感というのがどうしても大事になります。そこに人間関係の根本がある。人間関係というのは、それをつないでいくわけです。たとえば、一〇人寄ったり、二〇人寄ったり、三〇人寄ったりしているときに、その一体感が拡大されていくのです。そして、ここにいる一〇人は一体なのだということになるわけです。

日本には「一心同体」という言葉がありますが、そういう関係というのはおそらく人類が発達してきたいちばん基になったのではないかと思います。ですが、「一心同体」といっても、一〇人くらいならいいですが、五〇人にもなると一心同体ということにはまずならないでしょう。そうすると、こうした一体感というのは、いったいどこまで、どのようにして拡大していくのか。これは、なかなか難しい問題です。

たとえば血がつながっているということがあります。なんのかんの言っても同じ血でつながっているというのは、生まれたときから一体ですという感じがありますから、理屈とか思想とかを超えて、すごく大事なものだと思います。もう一つ、同じ所に住んでいるということがあります。ですから「地縁血縁」という言葉があるのです。これは、とてもうまく言っている言葉だと思います。血のつながりがある、あるいは村に一緒に住んでいる、ということで互いに一体感をもつ。そして、それ以外の人たちのことは知らんぞ、となる。これはこれで、一つのやり方です。ほかの人たちは自分たちとは関係がないといいますか、うっかりすると敵にもなるという考え方です。人類はこれまで、だいたいそんなふうなやり方をしてきたのではないかと思います。

「個」の概念の誕生

ところが、人間というものはそれだけではうまくいきません。みなさんよくおわかりだと思いますが、いつも一体だと、個人の自由はききません。個人が自由になるには一体から離れなければならない。ここに、非常に難しい矛盾した問題があるのです。

この問題を見事に乗りきったのが、セム族一神教といわれているユダヤ教、キリスト教、イスラム教の人たちです。これらの人たちには「唯一の神」というのが存在するわけですから、私と母親、私と血のつながっている同胞《きょうだい》などという前に、「神」と「私」との関係が大事になる。

これは、人類にとって革命的なことが起こったのだと私は思います。簡単にいってしまいますと、地縁血縁を切ってしまったのです。地縁血縁ではなく、神との関係を中心にしてやっていこうということになったのです。このことの凄まじさというか、すごさというのを、われわれ日本人はよほど知っていないといけないと思います。ですが、まだまだそのことに十分思い至っていないように私には思えます。

われわれ日本人は不思議なことに、なんとなく一体感的人間関係の中で上手に生きているのです。そして、ご存知のように、今の近代科学というものも、技術も、すべてセム族一神教のキリスト教文化圏の中から生まれてきたものです。キリスト教文化圏というのはすごい文明の発達、文化の発達を遂げて、それが今、世界中を席巻しているといってもいいのではないかと思います。

最近も、ヨーロッパから来られたアジア人の新聞記者に、日本はキリスト教国ではないのに、どうして近代化ができたのかと何度も聞かれました。サミットでもメンバーはみんなキリスト教国の人たちでしょう。そんななかに一国だけキリスト教でない国がぽんと入っている。世界中から見ると、あれは本当に不思議なのですね。ですから、外国の人たちからはなぜかと聞かれるのですが、日本人はあまりそのことを不思議に思っていませんね。

そんなことは当たり前だ、できたのだからできたのだ、くらいに思っている。しかしこのあたりで、今私が言っているようなことを、日本人はよく考え直さないといけなくなってきたのではないかと思います。

もう少し一神教の話をしますと、神との関係ということを第一に考えていくために、まず地縁血縁というものから離れます。そこになんとなく「個」というものが生まれてくるわけです。しかし、この「個」も、なかなか簡単には生まれませんでした。やはり神が第一で、ずっと長い歴史の間、神の言うままに生きてきたのですから。全面的に神に頼っていた人間が、たとえばペストなんかが流行して、それを防ぐために神に祈り、護符を貰ったりしたけれど、祈りに行くと神父さんがペストになって倒れていたりする。これは、どうも神もあまり信用ならないのではないかと思っているうちに、いろいろと研究をして、人間の力でペスト菌を発見し、予防もできるし、治療もできるとなってきた。そこで、人間の個人の力や理性を伸ばすということは、すごいことではないかということから、キリスト教文化圏の中から「個人」という考え方が出てきたわけです。

この「個人」というものは、先ほど言いましたように、一度、関係を切っているのです。もちろん神との関係はあります。ところが神との関係を前提としたうえで隣の人とつながっているわけですから、地縁血縁でつながるのとは、つながり方にちょっと違いがあるわけです。一度切っておいてから、つながるのですからね。これを言葉できちんと説明できないといけません。

一体感の根本には〝言葉なしでわかる〟というところがあります。この一体感的人間関係というのは、たとえば、極端な場合ではサッカーの選手なんかがそうです。相手の動きがお互いにわかっていて、いちいち相手に「俺がこう行くから、おまえはこう来いよ」などと言いながらやっているわけではありません。そんなことをしていたら、絶対に負けてしまいます。お互いに言葉なしで動く。野球のピッチャーとキャッチャーでもサインは出しますけれど、すごくなってくると、ピッチャーはまったくノーサインで投げます。ピッチャーが思っていることとキャッチャーが思っていることが、完全に一致するのですね。人間は、そういう力をもっているのです。しかし先ほど言いましたように、それればかりに頼っているとうまくいかないので、一度関係を切って、今度は言葉でつながるということも覚えてきたのです。

さまざまな関係のあり方を知る

考えてみると、われわれが「関係」と言っている場合には、そういういろいろな関係が混じっているのです。そこのところをよく認識していないと困ったことになります。つまり、どちらの関係が本物だとか、どちらの関係が善だとか、あまり思い過ぎないようにすることです。その二つがあるということを、わきまえておくことが大切です。

そうしたなかで、われわれ日本人は、もともと特有の一体感のようなものをもって生きてきて、今でも、そうした一体感的人間関係を相当にもちつづけています。お母さんとの一体感や、なんとなく家族の一体感のようなものがあったりする。学校のことで言いますと、今までの日本の考え方では、学級は一体であって、先生がお母ちゃんで、お母ちゃんが全部をもっている、という考え方です。ですから、学級によそから手を出すな、これはウチの家やということになるわけです。

ところが、そこにスクールカウンセラーが入ってきた。なぜそうなったかというと、もう一体感的人間関係だけをベースに生きている時代は終わったからですね。つまり、ここまで欧米の文化と接触し、ここまでそれを取り入れて生き方を変えつつありますと、これまでの日本の考え方だけでやるほうが、かえってやりにくいのです。とはいうものの、実際にはまだまだ片方だけでやるというわけにいかないので、両方でやっていかないといけません。この辺のところを、われわれは常に意識していないといけないのです。

たとえば親と子でも、われわれが子どものころですと、お母さんが「いけません」と言ったら、文句なんか全然言いませんでした。「すみません」「ごめんなさい」と言って、泣いて、あとで「よしよし」してもらってそれで終わりでした。ところが、今の子どもはそうではない。

具体的な例を言いますと、この間、実際に相談を受けたんですが、そのお母さんが言うには、子どもが寝ころんで煎餅を食べていたそうです。それで「寝ころんで食べたらいけません」と言ったそうです。昔の子だったら「ごめん」と言うのに、その子は今の子ですから、「なんでや」と言って、そのままバリバリ食べ続けていたそうです。お母さんは、子どもがなぜ寝ころんで煎餅を食べてはいけないのか、その理由を考えました。頭のいい人ですから、すぐに思いついて「あんた、こぼしてるやないの。こぼしてると蟻が入ってくるでしょ」と言った。そして、我ながらうまいことを言ったなと思っていたら、子どもが「蟻は殺虫剤で殺せばいい」と言ったというのです。

こういうときに先生はどう言ったらいいのでしょうか。実際、このなかで子育て相談をしている人は、「こういうときに子どもに怒ったほうがいいのですか」とか、「子どもにどう言ったらいいのですか」という相談を受けている人、おられませんか。ものすごく多いと思います。「そんなことは自分で考えなさい」と言いたくなるようなことを、いちいち聞いてくる人がいますね。自分で考えなさいと怒っているのは、こちらもわからないからです。関係性のことで言うと、母と子がどんな関係性をもっているのかわからないからです。

例を挙げますと、ドイツに行ったときに、友だちの所に泊めてもらったことがあります。そのとき、子どもが悪いことをした。そうすると、父親が「おまえはなぜ、そういうことをするのか」と理由を訊くのです。日本だったら「こらっ！」と言って「ごめん」で終わるでしょう。ところが、あちらでは「こらっ！」と言わない。子どもははっとお父さんのほうを向いて立ち上がり、堂々と屁理屈を言うのです。実際にはバカなことをやっているのですが、それでも自分なりにこうこう、こういう理由でやったと言うわけです。すると父親が「何を言っているか！」と言って、親子で論戦する。当然、父親は絶対に勝ちますよね、子どもはもともと悪いことをしているのですから。最後になって、子どもは「すみません」と言う。負けてしまうのですね。

僕は横で見ていて、笑いながら「ドイツは子育てに時間がかかりますね。日本では、親が『こらっ！』と言ったら『ははっ』で終わるのだけど」と冗談半分で言った。そしたら、「この国では、どんな悪いことをしたときでも、自分を自分で弁護できないと生きていけないのだよ」と言われた。これはすごい言葉です。そういう国に生まれてきたら、子どものころからどんな悪いことをしても自己弁護できるように訓練していないと、殺されてしまうということです。

日本は逆でしょう。日本ではだいたい「すみません」と言うと助かりますね。僕らはそういうふうに教わりました。なかには怖い人がいて、「すみません」と言って謝っているのに、「なんや！」と怒りだす人も、いますけれど。外国では、「すみません」と言うと、それは、こちらが悪いと認めたことになるのです。「すみません」と言うことで、あなたとの一体感が成立しました。さあ、どうする？　ということになるのです。

日本の昔ながらの家族関係を支えていたもの

日本の昔ながらのやり方の中に、今言っているような（いったん切れてからつながる）パターンが入ってきて、日本の家庭にすごく混乱が生じています。今の日本の家庭のいちばんの問題は、家族の関係があまりにもバラバラになっていることです。これは、日本のことをよく知っている外国の人と話をしていると、よく気づかされます。つくづく、日本の家族は何をやっているのかと思わされる。

藤《ふじ》ジニーさんという方をご存じですか。アメリカ生まれの女性ですが、日本に英語を教えに来ているうちに、日本人の旅館の若旦那と大恋愛をして結婚し、山形県の銀山温泉で、日本人として旅館の若女将をやっている人です。その方に「日本人の家族はバラバラですね。今、日本人の家族を見ていると、共通点は、ただ一緒の場所に住んでいるということだけです」と言われて、僕は言葉を返せなかった。

何故こんなふうにバラバラになってしまっているのかというと、家の中でどういう関係をもって家族が生きているのかがわからなくなっているからです。昔は、家族的一体感というものがありました。日本の家族的一体感を支えていたのは、もちろん、「家が大事ですよ、家が中心ですよ」という考え方が一つありますが、建物の構造もありました。

アメリカの場合は、「ご飯を食べたら家族はみんな居間に集まりなさい」という決まりがあって、子どものころからそういうふうに躾けられます。日本では、何もわざわざそうした決まりごとを作って躾をしなくても、囲炉裏ひとつがあれば家族が自然とそこに集まってきて、お父さんやお母さんが「ああしなさい、こうしなさい」とあまり言わなくても、全部うまくいっていたのです。

そして、囲炉裏のそばでは、おばあちゃんが甘酒を作って飲ませてくれたりして、「高齢者を尊敬しましょう」なんてことは言わなくても、甘酒いっぱいで「おばあちゃんはえらい！」となっていた。日本の家庭というのは、何もそれほどいちいち言語化しなくても、一緒にいるかぎりだいたいうまくいっていたのです。そして一緒にいる間に、躾も行われるし、礼儀も教えられるというのが日本の家庭でした。

ところが今は、生き方が西洋流になってきて、家のつくりも個室ができたり、物はいっぱいあるけれど、甘酒いっぱいで子どもに尊敬されるおばあちゃんはいなくなった。だから、全部、狂ってきてしまっているのです。しかも、物質的な豊かさを守るためには、お父さんもお母さんも働かなければならない。できるだけ頑張って働いて、そして効率よくやろうとなっているのです。よく考えてみてください。効率的にやろうと思うと、関係が切れてくることが多いと思いませんか。何でもかんでも「早くしなさい」「ちゃんとやってる？」「どうやったらできる？」といった具合になる。そうすると、先ほどから言っているように、みんなが囲炉裏端に集まってきて、おばあちゃんが甘酒を入れてくれて、おじいちゃんが昔の話をしてくれてというような関係とは、全然違う人間関係ができる。

利己主義にならない個人主義をどう育てるか

そのときに、われわれが決して忘れてはいけないのは、こういう文化を生みだしたのは、キリスト教というものを背景にもっている国だということです。簡単にいってしまうと、そういう国ではキリスト教の原理がきちんと教えられているから、個人主義が利己主義になることはありえないのです。キリスト教的に考えると、隣人ありきだからです。

ところが日本の場合は、家のしがらみが嫌になった、こんなに一緒にくっついて人に見られてばかりなのはいやだからやめようと、みんなが関係を切るほうにばかり一生懸命になったけれど、関係を切ったあとで、どういう倫理観をもって暮らすのかということを何も考えなかった。すると、キリスト教と関係がないですから、個人主義は簡単に利己主義になってしまうということが実際に起こるわけです。

これは、ある教育長さんから聞いて僕はびっくりしたのですが、ある高等学校で援助交際をしている子がいることがわかりました。その子は担任の先生からすごく叱られて、ワーワー泣いて家へ帰ってしまった。すると、その子のお母さんが校長室に怒鳴り込んできて、「うちの子が入学したときに、校長先生は、一人ひとりが自分の個性を大事にしてくださいと言われたでしょ。うちの子はその通りにやっているのです。頭のよい子は学力で勝負しているでしょうが、うちの子は美貌で勝負してるのです。どこが悪いのですか！」と言われたというのです。校長先生は困ってしまって、教育長さんに相談した。それを、教育長さんが僕にいろいろ話してくれたのです。こういうことは、キリスト教文化圏では絶対に起こらない。キリスト教倫理観から見て、それは罪だということがはっきりしているからです。

われわれが個人で生きていくというのはたいへんなことで、個人として生きていくための「倫理」をどう考えるかということは、本当に難しい問題だと思います。個人主義はキリスト教文化圏から出てきたものですから、あちらの国ではなんとかうまくやっていけても、日本では輸入したものですから、個人主義というものを実際どうやっていけばうまくいくのか、もうひとつよくわからない。ですから、家族の中でも「私は自分の好きなことをします」というときに、すぐにバラバラになってしまうのです。

先ほどお話ししました藤ジニーさんは、「アメリカ人は家族関係を維持するために、ものすごく意識して努力しているのですよ」と言われました。そして、「アメリカでは、ご飯を食べたらみんな居間に集まることになっていますし、個室はあっても、一五、六歳までは部屋のドアは閉めてはならない。つまり、自分の部屋に入っても、子どもはいつもお父さんお母さんと関係があるし、いつも見られているのです」と言われました。「個人」を育てるためのきちんとしたルールを、みんなが意識してもっているのですね。これは本当に大事なことだと思います。

日本人はこれまで、それぞれ好き勝手なことをしているようでも、それなりにうまくいくシステムをもっていました。物がないためにみんなで分け合わないといけないとか、寒くても火のある場所は一つしかないので、そこに集まってこざるをえないとか、なんとなく、みんなが一体感的関係をもって生きていくようなシステムがありました。そうしたなかでは、お父さんもお母さんもそれほど努力しなくても、だいたいうまくいきました。

ところが、今、そのシステムが急に変化して、日本人の生き方が根本的に変わってきたのです。生活は豊かで便利にはなりましたけれど、人間が生きていくという点では、一種の危機状態といってもいいかもしれません。「これからどう生きていくのか」というものすごく難しい問題を、今の日本人みんなが背負っているのです。

それでも、日本の一般家庭では、まだまだ日本的人間関係を意識してみんながなんとなくつながっていますから、それほど問題は深刻ではないのですが、日本的人間関係もない、西洋的な人間関係もない、といった所の子どもは、犯罪を犯しても当たり前だという気がします。まったく何をしていいのかわからないような状況ですから、人殺しをしたっていいじゃないかという子も出てくると思うのです。そういう状況の中にわれわれはカウンセラーとして生きているのだということを、みなさんよくよく考えてください。自分は人間関係というものをどう考えているのか、個人というものをどう考えるのか、その背景に何をもっているのかということを、よほど考えていないと、脅かされてしまうと思うのです。

怒鳴り込まれたら勝ちと思え

先ほどの話に戻りましょう。みなさんも体験しておられると思いますが、先ほどの校長先生のところに来られたお母さんのように、怒鳴り込みにくる方がいらっしゃいますね。私はよく「怒鳴り込まれたら勝ちと思え」と言っていますが、怒鳴り込まれたら、じつはこっちの勝ちなのです。そういうときは、どうしたらいいですか。一生懸命、話を聞いたらいいのです。その校長先生は素晴らしい人ですから、そのお母さんに「ああ、そこまで個人というものを大事にして、子どもさんのことを考えておられるのですね。すごいですね」と言ってお母さんの言うことを聞いておられた。するとそのうちに、カンカンになって怒っていたお母さんが、「校長先生、ほんとにうちの子を躾けるにはどうしたらいいでしょうか？」ところっと変わってきたそうです。本当はそのお母さんも、どうしたらいいのかと困っていたのです。困っているのだけれど、よくわからないから腹が立つのですね。自分の言っていることがおかしいというのは、こころの底ではわかっているのです。そこでじっくり話を聞いてみたら、だんだん話し合いができてきて、その子の問題も解決していった。ぐっと落ち着いて話を聞く、そこに関係ができる、これがわれわれカウンセラーにとって、非常に大事なことではないかと思います。

みなさん、カウンセラーをしていて、担任の先生や親に怒鳴り込まれた方はいらっしゃいませんか。「怒鳴り込まれたら勝ちと思え」というのは、とても大事なことなのですよ。なかでもいちばん大事なのは、〝腰を据えて聞く〟ということです。相手は怒りに来ているのですから、どうしても話が堂々巡りになる。ところが、相手の言い分をじっくりしっかり聞くということをこちらがやると、相手はもともとこころの底のほうでは自分がおかしいと思っているわけですから、ワーッと言っているうちに、だんだん自分でわかってくる。そういう人は多いのではないでしょうか。

「カウンセリングなんてやったって、何の意味もない」と言って、ものすごい剣幕で怒りまわっていた人が、二〇分も怒ったあとで、「カウンセリングの意味がわからないわけではないのですが……」と言うといった例は、けっこうあります。そして、こちらが「ああ、そうですか」と言ってもっと聞いていると、たいてい最後には、こちらの言ったことを「そうかも知れないなあ」と言われます。うまくできているのですね。

相手がいかに怒っていても、どういう状態であっても、そこにちゃんとした土台をもった関係ができるということが、すごく大事なことなのです。そして言うなれば、われわれ臨床心理士、カウンセラーというのは、人間関係や、関係性というものについての専門家であるといってもいいのではないかと私は思っています。

「まるごと好き」と言えるか

学校教育相談で子どもが相談に来て、カウンセラーに「これ、絶対秘密だよ。絶対誰にも言わないでね」と言うことがときどきあります。子どもの話の内容自体がなかなかたいへんで、「困ったなあ」と思っても、秘密だというから黙っていると、しばらくしてその子が担任の先生の所へ行って「このこと、カウンセラーの先生に相談したけど、『うん、うん』って聞いているだけで、何も言ってくれなかった」と言う。すると、担任の先生から、「カウンセラーの先生は何を聞いても秘密にするのですか」と言われる。そのとき、その子が「秘密だ」と言いながら、自分でほかの人に言っているわけだから、これはけしからんと思うのは大間違いで、そういうことが起こってきたということは、どういう人間関係の中で、どういうダイナミズムの中で起こっているのかを、よく考える必要がありますね。

そういうことをよくやる子というのは、先生とカウンセラーを喧嘩させたり、カウンセラーと校長先生を喧嘩させたり、喧嘩をさせるのがうまい子だと思いませんか。それが、本当にうまい子がいますね。そういうときは、喧嘩に巻き込まれるのではなくて、「あの子がここまでやったということは、あの子はいったい何を求めているのだろう。どういう関係を求めているんだろう。どうしてこういうことをするんだろう」と、元へ戻って考えることが大切です。

一ついえるのは、そういうことをする子どもというのは、まあ簡単にいってしまうと「僕がどんなことをしても、僕のことが好きか?」と問うているのです。そう考えると、わかりやすいと思います。僕はこんなことをやって、先生に秘密を言って、あっちでも秘密を言って、こっちでは喧嘩をさせて、でも「先生、僕のことを好きだと言ってくれますか?」と。家のことでいえば、お母さんが、「何やってるの」と怒るのではなくて、「そういうことをやっていても、あなたのことが好きだよ」というふうに言ってくれるか、ということです。要するに、そういう子どもは、「ともかく好きだよ」と言われる体験を重ねていくしかないのではないでしょうか。

工藤直子さんという詩人がいます。僕も好きな人ですけれど、工藤さんが書いた本に、『まるごと好きです』（筑摩書房）という本があります。なかなか「まるごと好き」というふうにはなれません。「いやなことをいっぱいやっているけれど、でも、まるごと好きだよ」という、そういう根本的な一体感、底のところを支える力というのでしょうか、そういうものを僕らがどれくらいもっていられるか、ということではないでしょうか。

しかし、だれでもかれでも「まるごと好き」と言ってやっていたら、困るときがあります。それは、先ほども言いましたように、子どもが来て相談する内容がとんでもなく重大なときです。以前、ある先生のところに「僕、ピストルを隠して持っているのだけど、どうしよう」と相談に来た子がいました。話をしてから「絶対誰にも言わないで」と言った。そういうときに「あ、そう、うんうん」と言えるのか。「まるごと好きだよ」と思おうとしても、なかなかピストルまでは好きになれません。

その後、警察にそれが見つかって、警察が学校に言ってきたので、担任の先生はすごくびっくりして本人に事情を聞きに行きました。そうしたら、「カウンセラーには言ってあります」と、その子が言った。当然、職員会議で大問題になって、「カウンセラーは、いったいどういうつもりでそんな重大なことを黙っていたのですか」と言われ、「カウンセラーには守秘義務があります」と答えてますます問題になり、そんなことを言うのなら辞めてしまえとなってしまった。

こういうときに大事なのは、それほど重大な秘密を抱えた子をまるごと好きになれるほど、自分は偉大な人間かと問うことです。自分には無理だと思ったら、そういうふうにその子に言わないと仕方がない。『秘密にするよ』と言ったけれど、ピストルの話は秘密にできない」と言わないといけない。

おもしろいことに、こちらが正直にそう言うと、子どもは「だったらこうしたらどう？」などと言ってくれることがあるのですね。「先生がそこまで考えてくれるのなら、僕、担任の先生に言おうかな？」とか言ってくれる。子どもには、どういうわけかすぐにわかるのですね。こちらが力もないのに〝まるごと好き〟みたいな振りをして「うん、うん」とやっていると、〝これは本物ではない〟とすぐにわかります。ところが、こちらが自分にはできないとわかったときに、正直に「ピストルの話は、先生には秘密にできないな」と言うと、「あ、この人は正直だな。それなら自分でももっとよく考えてみよう」と、子どものほうも自分という人間をすっと出してくる。

人間関係は物のように操作できない

そのときにもう一つ覚えておいてほしいのは、「人間関係」といった場合、われわれはどっちが上でどっちが下かということを、知らない間に考えているということです。先生と生徒というと、つい先生が上で生徒が下のように考えてしまう。上司と部下、あるいは父親と子どもでも全部そうですけれど、上下関係で考えて、上から下に、「教えてあげる」「言ってやる」「育ててやる」「してやる」というのがすごく多い。

また、これは逆になりますけれど、よくあるのは高齢者の人に対して若い夫婦が、「〜してあげる」ということです。「〜してあげる」くらいならいいですけれど、このごろは「対策」という言葉が使われたりします。「高齢者対策」などという言葉を聞くと、僕も高齢者ですから心配になります。子どもたちが近づいてきて「おじいちゃん」などと言われると、「あ、〝対策〟に来た」と思うようなことになるのではないかと。

早く、能率的にものごとを進めようと思うと、われわれは、「こういう対策でこうしました」「こうなりました」と言いたいわけです。また実際、自然科学的にはそうでしょう。物に対しては、パッパッとこうやったらこういうふうに動くというように、物を操作してどんどん便利になってきましたからね。ですが、現代の人間はこうしたやり方を身につけ過ぎて、物を自分の好きなように動かすように、人間も動かせると思い込んでいるのではないかと思うのです。

根本的なことですが、現代科学というのは関係性という点からいいますと、関係を切るところから始まります。「私」と「物」との間の関係を切って、その「物」の現象を客観的に研究して法則を見いだす。たとえば、近代医学でもそうです。医者は患者と関係なく、患者を客観的に観察して法則を見いだしてそれを使う。実際、近代医学はそういうふうなやり方で成功し、われわれはその恩恵をいっぱい受けているわけです。だから、それを悪いとは決していいません。素晴らしいわけです。近代医学によって、これまで治らなかった病気がいっぱい治っているわけです。だから、ものすごくありがたい。しかし、あんまりうまくいくので、人間関係まで同じやり方でやろうとするところに失敗が生じるのだということを、われわれは知っていないといけません。

時代の趨勢とは違うことをしているという自覚

能率よく便利に上手にやるという生活をみんながあまりにも追求し過ぎると、人間関係が急にギスギスしてきて、先ほど言いましたような関係性がどこにもなくなってしまい、ぽんと孤独になるような人が出てきます。われわれカウンセラーは、そういう状況の中にいるわけです。ですから、よく自覚しておかなければならないのは、われわれは今の時代に非常に意味のあることをしているのですけれど、現代の一般の趨勢《すうせい》とはちょっと違うことをやっているのだということです。ですから、うっかりしたことをやると、「何をぐずぐずしたことをやっているのか」とか、「そういうことをするからややこしくなるのだ」とかいうふうに言われる。それは、当たり前なのです。そういうことも全部、考えてやっていかないといけません。

「カウンセリングに行ったけれど、時間がかかって仕方がない」と言う人がいます。みなさん、そんなふうに言われたことはありませんか。そういう人がおられたら、「はあ、そうですね」と感心して聞いていたらいいのです。そういう人は、二〇分くらいしゃべったあとには、「やっぱりじっくりやらないとだめですね」と必ず言います。「そうですか、そんなことを考えておられるのですか。よくわかっておられますね」と言うと、「あなたのような人がおられるから、カウンセラーは理解者だと言われるのですよ」と、最後はそこまで言ってくれることもあります。けれども、そこまでいくにはちょっと時間がかかります。

とにかく、責めるようなことを言われたときには、「何を言っているのですか！」とやらないことが大事です。こういうふうに怒る人がいるのは当たり前だと思うことです。今の世の中の大半が効率主義なのですから、その人が悪いとか、カウンセリングに理解がないなどと考えないで、こういう人が出てきても当然だと思っていると、怒るのではなくて、なるほどと思って聞いていられます。そして、ゆっくりじっくり聞いていると、必ず相手も変わってきます。

家庭教育を考え直す必要性

というわけで、われわれカウンセラーは、そういう役割を果たしながら存在しているわけです。けれども、今の世の中の状況を見ていますと、関係性ということがあらゆるところで出てきて、しかも非常に難しい。関係を切ったほうが、手っ取り早くうまくいくだろうと思うことも多いです。どうですか、関係を切ってお金を使うほうが簡単にいくので、われわれもそんなふうにしてきたことがたくさんあると思いませんか。

簡単な例を挙げますと、私が団地に入ったころは、みんなお金がなかったので、「清掃日」というのを決めて、団地の掃除も全部、団地に住んでいる人間がやっていました。そうすると、清掃日になると、必ず風邪をひく人とか、出張が入る人とかがいるのですね。また、掃かなくてもいい所をわざわざ掃きに来る人とかもいます。黙って掃けばいいのに、「ここ汚いね」とか言って周りの人を不愉快にさせたり、「あいつはいつもしゃべっている」とか、「あいつは余計なことをする」とか言って喧嘩になったりする。そこで、自分たちで掃除をするのはやめにして、みんながお金を出して清掃会社に頼もうということになる。清掃会社の人が来てきれいにして、文句があったら清掃会社に文句を言えばいいのです。会社対団地ですから関係も切りやすい。そうすると、こっちのほうがずっとうまくいきます。

考えたら全部そうじゃないですか。だれか知っている人が事故に遭った場合なんかもそうでしょう。今でもまだある程度は残っていますけれど、昔はだれかが事故に遭ったりしたら、お見舞いに何を持っていくか、いつどんな顔をしていくか、お菓子を持っていったほうがいいのか、現金を持っていったほうがいいのかとか、いろいろ考えました。今はほかの人にそういうことをやってもらわなくていいように、みんな保険に入って、すぐにお金で解決するようになっています。

だから、考えてみたら「関係」なんていうものは放っておいて、何でもお金でパッパッと解決していけば便利ですよというやり方を、僕らはやってきたわけです。そしてそのおかげで、気持ちよく生きていると思っているのですが、家族の中にまでそういうやり方をもってこようとすると、そこはまったく潤いがないものになってしまう。そのことに、われわれ日本人は気づいていないのです。

欧米の人たちは、長い歴史の中でそういうやり方をつくり上げてきましたから、それが怖いことであるということも、下手をすると家族までバラバラになってしまいかねないということも知っています。だから、すごく意識して家族関係を維持しようとしているのです。ところが日本では今、そうした自覚や意識が足りなくて、本当は家庭教育でやるべきことを学校にまでもち込んできているということが、多いのではないでしょうか。

昨日もある高等学校の先生と話をしていたのですが、その先生は、学校へ文句を言いにくる親と話をしていると、「学校に来る前に、まず、おたくでしっかり教育をしてくださいよ」と言いたくなると言っておられました。「もうちょっとおたくできちんとしてくれたら、こんなことは起こらないのですよ」と言いたくなるけれど、それを言うとその親は余計に怒ってしまうだろうし、また下手に言って、マスコミにでも訴えられたりすると余計にたいへんだから、困っているのです、と。「日本の家庭教育はどうしたらいいのでしょう？」ということをすごく言っておられました。もうその通りですね。今の学校がたいへんなのは、家庭教育でやるべきことを学校でもやらねばならないということです。われわれがカウンセラーとしてできることは、「やっぱり家庭はすごく大事ですし、家庭教育のことをもっと考えてください」と発言していくことです。

来た人を受けて立つ

それとみなさんの場合、非常にいいのは、そういう親とか家族の人に会えるということです。家族の人がすごく怒っているときでも、われわれカウンセラーはじっくりと話ができる。先ほど言いましたように、われわれは欧米の個人主義を日本に取り入れるのにすごく苦労をしているわけですが、この人もそういう苦労をしている一人なのだから、わけがわからないとか、しょうがないなどというのではなく、われわれとしてはこの人にどういう援助ができるのかということをじっくり考えていくと、最後には「ああ、やっぱり自分の家をなんとかしなければ」というふうに思ってくれると思うのです。

とにかく、来た人をじっくりと受けて立つというのが始まりです。ただし、単に受けて立つというのではなく、また面倒な親が来たなと思うのではなく、日本人は今たいへんな状況になっている、日本人全体が関係性という点でどういうふうにしていけばいいのかわからず、すごく苦労しているのだから、こんなことを言う人がいても当たり前ではないか、と思う。そういうふうに思えると、腹を立てるのではなく、一緒に考えようという態度が自分の中から出てきます。

また、相手によっては、最後にちょっと「お父さん、お母さんがそこまで考えてやっておられるのですから言わせてもらいますけれど、やっぱり日本は最近、個人主義になってきたのですが、この個人主義をどういうふうに推し進めていくかというのは本当に難しい。日本人全体の抱えている問題を、今、あなたがたは考えておられるのですよ」などと言うと、相手も「そうか、よしそれなら自分も頑張ろう」という気が起こってきます。そういうちょっと教育に関わってくるようなことを、あるいは倫理に関わってくるようなことを、われわれカウンセラーは、いつ、どこまで言うのか、ということをずっと考えていてほしいと思います。ただし、それをいつも言えと言っているわけではありません。しかし、自分なりにいつもそういうことを考えていると、ちょうどよいときに言えるわけです。伝えたいのは、「これは、あなただけが被っている問題ではない」ということです。日本の問題、日本人全体の問題にあなたは関わっているのだ、ということです。そして、その答えは、じつはまだはっきりとは見つかっていないのです。

個人主義の倫理をどう考えるか——日中韓共通の問題

私が今、とても大切だと考えているのは、キリスト教というものを離れて個人主義になって、その個人主義の倫理をどう考えるかということです。倫理とか道徳とかいうと、すぐに堅い話はするなと言われますが、これは本当に大事な問題だと私は思っています。

最近、文化庁長官として中国へ行ってきましたが、これまでとはずいぶん違う印象を受けました。中国は、経済とか軍事とか政治とか、そういうことには熱心でしたけれど、文化についてはこれまでほとんど話題にしていませんでした。今回は、日本の文化庁長官が来たというので、中国の文化関係の人が集まって話を聞きましょうということになりました。向こうの文化関係の人と新聞記者が集まって、私が日本文化の話をいろいろとしたのです。

話のあとでいちばん初めに出た質問が、「ところでそういう日本は、今、道徳教育をどうしておられますか？」というものでしたので、びっくりしました。やっぱり文化を考える限り、道徳教育というものを考えざるをえないのです。中国の場合は、共産主義でありながら資本主義を取り入れているわけですから、倫理や、道徳を考えないと、ものすごく悪いことをする人が出てきたり、先ほど言いましたように、ぼうっと放っておかれてひどい孤独に陥ったりする人が出てくることが、彼らにはわかっているわけです。だから、いちばん初めの質問が、「道徳教育はどうなっていますか」というものだったのです。

私は、「私も、今それを考えているのです」と答えました。いったい儒教の中に個人というものはありうるのだろうか、仏教の中に個人というものはあるのだろうか、と考えると本当にたいへんです。だから、「日本人は今、個人主義という問題で、本当に困っているのです」と言いましたら、「中国の歴史の中には個人なんていう考えはありません」と言われました。まったく、その通りです。中国では、血縁というものがなによりも大事で、血縁をさらに拡大した大ファミリーが大事で、それから次に共産主義にガラッと変わったわけです。個人なんてまったく問題外でした。

ところが、今はやっぱり中国でも個人がお金を儲けたりできるようになってきましたから、それをどう考えるか、その倫理をどう考えていくか、といったことが問題になってきています。それは韓国でも同じです。そして、そのときに話題になったことですが、われわれは、欧米のまねをして、たくさんの大学を作ってだれでも大学に行けるようにした。欧米と同じようにやってきたつもりなのに、なぜ日本や韓国や中国にはものすごい受験地獄があるのに、ヨーロッパやアメリカにはそれがないのか。なぜ、あっちにはなくて、こっちにばかりあるのか。「これはやっぱり、日中韓一緒になって考えてみる必要があるのではないか」と韓国の人が言われました。われわれは、みんな同じ悩みをもっているのです。

そういうことは、みなさんがやっておられるカウンセリングの話題の中に入ってきませんか。実際、受験のことは、大きな問題として入ってきているでしょう。「受験熱」というふうに「熱」が付いてるのは、親が必死になっているということです。「受験地獄」という言い方をするならば、日本よりも韓国のほうがよほど凄まじいです。韓国の人は、今それをどうしようかと、すごく考えています。

それを考えるときに、われわれはもっと根本的なところで考え直さなければならないのではないかと思うのです。あるいは、何か考えを新たにしなければいけないのではないかと思います。カウンセリングをするときは、一人ひとりの問題を実際その場で解決することを考えなければいけないのですが、一人ひとりの問題だと思っていることが、じつは日本の問題であったり、アジアの問題であったりする。非常に大きいことをみんなが背負っているのです。「そういう人たちと自分は会っていくのだ。だから、カウンセラーとして、自分もそのことをきちんと勉強して考えていこう。そうでないと、そういう人たちに、これから自分は会っていけないのではないか」と、そこまで考えてほしいと思います。

全体を見る目をもつ

いろいろと勉強して大きい目をもてばもつほど、全体がよく見えてきます。たとえば、担任の先生が文句を言いにきても、全体像が見えてくると、「文句を言いにきていやだな」というのではなくて、この担任の先生は、この学校のこの校長先生のもとで、こういうことをしておられるからこうなるのだな、ということがわかってきますので、ものごとが違って見えてきます。

先ほどから言っていますように、日本では今、考え方が昔とは変わってきています。先生方を見ていますと、担任の先生のなかには、今でもやっぱり自分がお母ちゃんで、自分のクラスは全部自分がまとめていると思っている先生がおられます。そういう先生とはまた違うタイプの先生もおられます。子どもが相談に来たときに、状況を全体的に見ていくと起こっていることの意味がわかりますから、先生を「あの先生は悪い」と言うのではなくて、「あの先生がそういう考え方でやっておられる中で、この子がこんな相談で来ているということは、いったいどういうことなのだろう」とか、「そうすると、あの担任の先生に私はどういう関係でものを言ったらいいのだろう」とかいうふうに考えられますから、あんまり腹が立たないと言っていいのではないでしょうか。そうでないと、たいへんな担任だとか、カウンセリングに理解のない校長だとか、あの養護教諭がけしからんとか、すぐに怒りたくなります。全体が見えてくると、「ああ、なるほど。こういうふうに動いているのだなあ」とか、「それでは、その動きの中で、私はこうしよう」というふうに、冷静に考えることができるようになると思います。

さまざまな関係のあり方に対応できること

関係性ということは、日本人にとっての大問題です。根本的なところまでは、まだ考えが至らないと思いますが、どうしても今言いたいのは、何と言いましても、「黙っていても一体だ」というこの感じが、今まで日本人を支えてきたのだということです。それを体験していない子どもたちは本当にかわいそうです。そういう子のためには、われわれは、まずそこから始めねばならないという気持ちがいるのではないでしょうか。

このなかにおられるかどうかわかりませんが、あるカウンセラーの人に聞いた話ですけれど、小学校一年生の子で、カウンセリング・ルームに入ってくるときに、「ただいま」と言って入ってくる子がいたそうです。もう、それを聞いて私は本当に何とも言えなかったです。そこが家になっているのですね。「ただいまー」と言って入ってきて、そして何かうろうろしてるだけで、けっこうその子は満足して、授業が始まると「行ってきます」と言って出ていくのだそうです。そのときに、そういう子が「ただいまー」と言って入ってこられるような人間、入ってこられるような環境を提供できる人間としてカウンセラーがいるということは、すごいことだと思います。

ところがそこで、われわれカウンセラーは「あの子は『ただいまー』と言って入ってきてくれた。こんな大事なことはない。もう教室には行かなくてもいいよ」とは、絶対に思わない。そういう私との関係を土台にして、この子はどういう人間関係をつくっていくのだろうとか、私のところへ「ただいまー」というふうに帰ってきた子が、今度は家に「ただいまー」と言って帰るにはどうしたらいいのだろうかというように、われわれは先の先まで考えます。カウンセラーが他の人と違うのは、そういう関係をつくって喜んでいるだけではないということです。その次にどうなるのか、これはどんな意味をもっているのか、ということを常に考えています。

ですから、一体感的人間関係も大事だけれど、そこを離れて言葉で言うことも大事にしていく。両方の大切さを知っていて、今はこの「ただいま」を非常にいいと思っているけれど、それで満足しない。そこでこちらが満足してしまうと、その子も満足してしまって、全然セーブがきかなくなって、別の問題が起きてきたりするわけです。あるいは、違う言い方をすると、「ただいまー」と来てくれて、「やあやあ」と言って喜んで、私もいいところがあるのだなあと思っていると、担任の先生が文句を言いに来られた。そのときに、担任が悪いというのではなくて、「あ、私はちょっと、一体感の中で喜びすぎていたのではないかしら?」とか、「これは、この辺でそろそろ考え方を変えないといけないということじゃないかしら?」というように思える。そういう、変なことが起こったというよりは、「あ、自分の考えをちょっとこの辺で変えないといけないな」というふうに思うことができる。こういうところが、いいわけです。

だから、いろんな例を挙げましたが、そういういろいろな関係のあり方についてきめ細かく知っていて、しかも知っているだけではなく、自分がそれに対処できるということです。そういうことができる専門家の中に自分が入っていると思ってほしいと思います。

カウンセラーの三つの条件

じつは最近、将棋の名人の谷川浩司さんと対談をしました。僕はいろんな人と対談をしているのですけれど、谷川さんと対談したときに、谷川さんがすごく面白いことを言われました。どういうことかというと、「将棋が本当に強くなるためには、棋士としてできねばならないことが三つある」と言われたんです。「まず、棋士は研究者でないといけない。次に、芸術家でないといけない。三番目に、勝負師でないといけない」と。勝負師が最後でした。その三つができないと、本当の強い棋士になれない。

今、将棋は研究が盛んなのだそうです。コンピュータの技術が進んでいますから、こんな手があった、あんな手があった、最近こんな試合があったと、みんな熱心に研究をしている。ところが、研究ばかりしている人は、実際に勝負どころにくると、次にどんな手を打ったらいいかわからなくなるそうです。「あれがあった」「これがあった」「これをやったら、あれはだめだ」とか思っているうちに時間がなくなってしまう。そのとき、いろいろ知っていることの中から一手を選んでパッと打つのに、「芸術」という言葉が使われたのに、僕は本当に感激しました。

谷川さんは、「やはりこれは、芸術的判断に近いのです。なぜかというと、論理だけで、研究だけでやっていたら絶対、手がわからないのです」と言われました。でも、全体を見ていると、〝この一手〟というのが出てくるのだそうです。「それはもう芸術だ」とおっしゃる。しかし、芸術家肌で研究が足りない人は、なんでもない手で失敗するそうです。自分としては「これだ！」と思っているのですけれど、昔からそれはだめだと言われている手を打って失敗してしまう。だから、芸術家のセンスはあっても、やっぱり一人よがりにならないためには、たいへんな研究が要るわけです。

いろいろと研究して、芸術的に決断して、そして絶対勝負に勝つ。負けることはない。これが勝負師だ、と。勝つためにやって、勝つことしか考えていない。そういう姿勢をもっていないと勝てないと言われました。

この話を聞いて僕はすぐに、「カウンセラーについても同じことが言えますので、その三つ、もらってもよろしいですか」と言いました。「えーっ⁉」と谷川さんは驚かれましたが、「私はカウンセラーも同じではないかと思うんです。今のお話の著作権をもらってもいいですか？」と言いましたら、「どうぞ、どうぞ」と言ってくれたので、今、みなさんにタダでしゃべらせてもらっているわけです。

みなさん、カウンセラーも同じだと思いませんか。やはり、われわれは研究者でないといけない。これはわかりますね。先ほども言いましたように、いろいろなものを読んで、こんな考え方もある、あんな考え方もあると知っている必要があります。しかし、実際にクライエントが、「今から死にます」となったときに、「ちょっと待ってなー」とか言って調べているひまはありません。そこで、

「やめとけ!」と言うのか、「そうか、死ぬか」と言うのか、選択肢はいろいろあります。そのとっさの判断、これは本当に芸術的判断に近いのではないでしょうか。

でも、それだけでは足りません。「絶対に役に立つのだ。私の前に来たこの人の人生に、意味のある役に立つことをする。そのために自分はここにいるのだ」という強い信念をもつ。これが「勝負師」です。

そのときに、谷川さんが「日本のカウンセラーには、勝負師的な人がちょっと少ないのではないかなあ」と言っていましたが、カウンセラーは一対一で生きた人間に会うのですから（あるいは一対多のときもありますけれど）、やっぱりどこか勝負師でないといけないと思います。スクールカウンセラーでも、そうだと思いませんか。みなさんも、クライエントと会うとき、「いざ勝負！」と思ってやっていることがあるでしょう？

この三つの条件は、谷川さんは将棋のほうで言われたのですけれど、僕はそれをカウンセラーにも使えると思って今日申し上げました。そしてこれは、いろいろなことを経た関係性を生きるわれわれが心得ておいていいことではないかと思います。以上で、今日のお話を終わります。

（第一〇回学校臨床心理士全国研修会講演、二〇〇五／『事例に学ぶスクールカウンセリングの実際』創元社 所収）

こころ、言葉、文化

はじめに――カウンセラーは何をする人か

ここに一五〇〇人もの方がお集まりになられ、大変うれしく思います。われわれ臨床心理士が、スクールカウンセラーとして実際に仕事をしてきたことが世の中に認められ、それに応えてみなさんもますます研修しようという気持ちをもたれていることと思います。私もそれにお応えしなければならないと思っています。

今日の表題は、「こころ、言葉、文化」という面白いものです。このスクールカウンセリングの研修会ではよくお話をしていますが、じつは毎回題を出してこられるのは村山正治先生です。私は村山先生の宿題に一年ごとに答えているような感じで、次はどんな宿題が出るのかなと思っていつも楽しみにしています。

題が出てきたのを見て、ああ、スクールカウンセラーは今こういうところに差しかかっているのだなと思ったり、こういう課題があるのだなと思ったりして考えさせていただいています。

臨床心理士というのは名前が知られてきているようだが、本当はいったい何をしているのか、専門は何かと問われた場合、説明が非常に難しい。医者であれば人間の体を診ているとか、農家の方であれば土を耕すことであるとか、弁護士であれば法律に関わることであるとか、背後にあるものがすごくはっきりしていてよくわかる。けれども、われわれの背後にあるものは人間の「こころ」

なのです。

見直されるこころ

表題のトップに「こころ」が出てきていますが、「こころ」はだいたい評判が悪い。もっと評判が悪い言葉に「たましい」というのがあります。この「こころ」を専門にしていると言うと、それだけでどうも怪しいと思われるところがあります。

というのは、現代という世の中が、目に見えるもの、手に触れるもの、計れるもの、そういうものを大事にしているからです。また、数字で表せて、はっきりとわかるものを大事にしているからでもあります。

ところが、「こころ」は目に見えない、重さがない、数字で表せないという、〝ないない尽くし〟のものです。みなさんがご存じのように、かつて実験心理学は、「われわれは『こころ』など扱っていない。『こころなき心理学』である」ということを言ったほどです。

ところが、今日のような時代になると、むしろ「こころ」が大事なのだということを、みんながだんだんわかりだしました。このごろ「こころが大切だ」と言う人が多くなったのは、一つの皮肉のようなものです。物がすごく豊かになって、人間は物の豊かさをどんどん追求して、日本はその最高にまで達するほど物が豊かになった。そうなってみると、ようやくみんな「こころ」のことに気がついて、やはり「こころ」が大事なのだと思うようになったのです。

たとえば、阪神淡路の大震災のとき、またそれから後も何度か各地で震災がありましたが、そういうときに臨床心理士がこころの問題でずいぶん活躍しました。

しかし考えてみると、関東大震災などはもっと被害がすごかったわけですが、あのときは誰も「こころ」のことを言っていない。なぜなら、当時は物のほうが大事だったからです。食べるものがなくてどんどん人が死んでいく。そういうときには、こころのことなど考えていられない。やはり余裕が出てくると、こころのことを考えはじめるのが人間なのです。

私は表題に「こころ、言葉、文化」と、「文化」が入っているのを見ていて、物が豊かになるだけで文化は変わるのではないかと、つくづく思います。

物が豊かになったのは一見よいことのように思うのですが、私は物が豊かになったために子育てはむしろ、すごく難しくなったように思います。今、子育て相談が非常に大事になっており、いろいろな相談が行われています。少し考えてもわかりますが、物が貧しいころのほうが「家族仲よく」とか、「みんなで一緒になって」とか、そういうことを言う必要がありませんでした。

簡単な例としてよく挙げるのですが、昔、囲炉裏のある家ですと、お父さんが「食事の後はみんな集まって団欒しましょう」とわざわざ言う必要はなかった。何も言わなくても、寒いのでみんな囲炉裏のところに集まってくるからです。みんなが集まってくると、お祖母ちゃんが甘酒をふるまってくれたりする。お父さんが「高齢者を尊敬して……」などと言う必要はまったくなくて、甘酒いっぱいでみんなお祖母ちゃんを尊敬しました。私などはあめ玉一つでもお祖母ちゃんにどれだけ感謝したかわかりません。

文化という点からいうと、日本という国は「物」と「こころ」が分かれていない文化でした。だから、昔の「物」という言葉は「こころ」も意味していたのです。「物語」というのは、「物」を語っているのだから物理学の本かというとそうではなくて、物語には「こころ」がいっぱい語られている。日本人は、「物」と「こころ」は分かつことができないと思っていたのです。だから、お祖母ちゃんがくれたあめ玉一つから、お祖母ちゃんのこころが子どものこころに伝わってきたのです。

ところが今は、私もお祖父ちゃんになっていますけれど、孫に何をやったら喜んでもらえるのかと、すごく悩みます。甘酒とかあめ玉では絶対に喜ばない。うっかりした物をやっては、何を言われるかわからない。

個人主義には努力と工夫が必要

昔、囲炉裏端に集まっていた人たちに個室ができました。すると、みんな個室に入ってしまって、家族の団欒がまったくなくなってしまいました。

ヨーロッパやアメリカの友人が、「日本人は個室の使い方が全然わかっていない」とよく言います。彼らは長い歴史の中で個室をつくってきたので、食事の後、家族はみんな居間にいます。それから、家によってルールは違うようですが、子どもはたとえ個室に入ることはあっても、一五歳までは扉を閉めてはならないとか、個室の鍵は一八歳にならないと渡さないとか決めています。みなさんも、外国人の友人がいる人はよく聞いてみてください。個室の使い方については、ものすごく考えています。

そのことを言ってくれた人が、「河合さん、個人主義というのは大変なんだよ」と言っていました。個人主義は、よほど気をつけないと、みんながバラバラになってしまう。個人主義で、なおかつ孤独にならずに人生を生きようと思うと、「努力と工夫がいる」という言い方をしていました。私はその言葉が大好きでよく使っているのですが、個室をつくったなら、個室の使い方についてのルールづくりの工夫が必要なのです。

それから、日本人には知らない人が多いですが、ヨーロッパやアメリカの人は、家族の誰かの誕生日だというとみんなが集まってパーティーをしたり、誰かが大学に入ったというと親類縁者が集まってパーティーをしたりしています。あれは努力と工夫を重ねているのです。

日本人の場合、われわれの子どものころには、努力も工夫もなしにうまくいっていました。私の父親も母親も、ほとんど努力も工夫もしていないけれど、物がなかったお蔭で全部うまくいっていたのです。

子どもにどれだけの物を与えようかということを考えると、難しいわけです。子どもに、「お父さん、あれ買って」とか、「お母ちゃん、あれ欲しい」と言われたときに、「それはいけない」とか、「これは買ってやろう」と決めるのは難しいことです。私もこのごろよく、「そういうときに、子どもにどのぐらい買ってやればよろしいですか」とか、「近所の子がみんな五〇〇〇円のおもちゃを持っているときに、うちの子にも買うべきですか」というような相談を受けます。

昔はそんなことは全然ありませんでした。私は物をねだったりしませんでしたが、たとえ、おずおずと「買って」と言ったとしても、父親が「だめだ」と毅然として言ったので、すごく強そうに見えました。しかしつまりは、お金がなかっただけの話です。ところが、お金があるのに毅然として「だめだ」と言うには、努力と工夫をしないといけないのです。

今日本では、そういうふうに文化がじわじわと変わってきつつあります。このように変わってきつつあるなかで、学校の先生方はすごく苦労をしておられます。まさにそういうときにみなさんは学校へ行っておられますので、先生方の苦労を聞かされることが多いと思います。その苦労は、日本の文化がじわじわと変わっていっているのに、その変化がどの方向に向かうのか、どう変わるべきかということがわからないままでやっている、というところから来ているのではないかと思います。

親たちの変化

先日も、ある先生の話を聞いてびっくりしました。中学校で、カンニングをした子に厳しく怒ったら、親がすぐにやって来て、「うちの子は悪くない。あんなカンニングをさせるような監督を誰がしていたのか。監督の先生が悪いんじゃないか」と文句を言ったというのです。担任は、「もうあんな親は処置なしですわ」と言う。しかしそういうときに、「処置なしだとは思わない」のがわれわれカウンセラーです。なぜなら、われわれはこういうとき、親をどう教育するのか考えるのではなくて、こころの問題として考えるからです。人間のこころの状態がそのように変わりつつある。その変わりつつあるなかで、われわれはこころの専門家として、そういう親にどのように会ったらいいのだろう、どう会うべきだろうというように考える。だから、われわれはそういう親ともいくらでも会います。実際、こういう話はすごく多いです。

それから、「給食を残したらだめだ」と怒ったら親が来て、「うちの子は給食を少ししか食べないという個性なんです。この学校は個性を尊重すると言っておられるのに、それはどうなっているんですか」と言う。先生は非常に困ります。こういうことも、すごく増えてきました。

そのときに、「昔と比べて、もうむちゃくちゃです。変な時代に教師になったものだ」と嘆く先生がいます。われわれもよく聞かされます。昔は教師がひとこと言えば、みんな「すみません」と言って、それですべてが通っていたのに、「すみません」どころか、こっちが悪いと親が逆ねじをくわしにやって来る。「世の中は変わったものだ」とか、「この国はますます悪くなる」とか言う人もいます。

自分の言葉に責任をもつ

われわれはそういうときに、単純に「世の中が悪くなった」とか、「変な親が出てきた」と言うのではなくて、われわれの文化はいったいどういう文化であって、それがどのように変わろうとしているのか、また、そのなかでどうしてこういうことが起こるのかということを、よく考えないといけません。こころの問題を扱っている専門家としてそこにいて、どういう言葉で親と話し合い、先生と話し合い、校長先生と話し合うのかを考え探しつづける。われわれがしているのはそういうことだと思うと、よくわかるのではないかと思います。

昔は、上から何を言われても、とにかく「すみません」と言っていました。そのように教えられていたからです。なかには、自分は何も悪くないとわかっていても「すみません」と言いなさい、とはじめから教える人もいました。

関連したことですので言いますが、ある小学校で驚くことがありました。国際時代だから、子どものときから国際性を身につける教育をしていると言います。どういう教育かというと、外国の人が来られてすぐに仲よくなるためには、外国の人といろんなことがあった場合に、こちらが何も悪くなくても、「すみません（I am sorry）」と言えるように教育しているというのです。そんなバカげたことを真面目にやっているのです。

外国へ行った人はわかると思いますが、たとえばアメリカでは、自分が正しければ正しいと言い、自分が悪ければ悪いと言うのがよいのです。私がアメリカへ行ったころ、日本人は交通事故が起きたときなどに、自分のほうが正しいのに、すぐ"I am sorry"と言ってしまうために、相手から罰金を取るのにものすごく苦労したという失敗談をよく聞きました。「向こうが悪いんじゃないか」と後で言っても、「おまえはあのとき"I am sorry"と言ったじゃないか」と言われる。言葉にそれだけの責任があるわけです。

小さいときから自分がどんなに正しくても、"I am sorry"と言えるような人になりなさいというような教育をしていては、国際性と逆行します。それほど日本人の文化というのは、自分が引いて収めるというやり方をしてきた文化なのです。

それが今は、違う文化に変わりつつあるということです。「すみません」はもうやめておこう、言うだけ言えばいいのだ、となりました。ところがそのときに、自分の言うことに責任をもっていない。本当は、自分がそういうことを言うのであれば、たとえば、カンニングをどう考えるのか、監視があろうとなかろうと、カンニングをするということはどういうことなのか、考えて然るべきなのに、そんなことは全然考えない。「とにかくほかのやつが悪いのだ」と、問題を反転させるのです。

昔の言葉に、「他罰的」という言い方と「自罰的」という言い方がありますが、日本はずっと「自罰的」にやっていたのですが、今、急に「他罰的」に変わりつつあるといえます。

そういうとき、自罰がいいのか他罰がいいのかというのではなくて、われわれカウンセラーはもう一度〝こころ〟という原点に戻って考えます。もっとしっかり自分で判断して、自分の責任のある言葉を言えるような人間をつくることがわれわれの役割なのです。

「自罰」はだめだとか、「他罰」はだめだとか、昔は「すみません」と言っていたのに、今は悪くなったとかいうことではないのです。一つの傾向が反省されると、だいたい振り子は逆のほうへ振りますから、そのために起こっている特有な現象なのです。

みなさん、外国人とつき合うときにはよくつき合ってください。アメリカ人は自分の好きなことを言うと思っておられるかもしれませんが、利己主義で勝手なことを言う人はあまりいません。アメリカでは、そういうことを言っていると、いっぺんに疎外されてしまうからです。自分の言葉に責任をもたないといけない。このことを日本人はよくわかっていないように思います。

教育と訓練

ドイツに行ったときに感心したことがあります。ドイツの友人の家で、子どもがバカなことをしていました。誰が見ても悪いことをやっていた。日本ですと、お父さんがそこへ行って、「こらあ！」と言うと、子どもは「ごめーん」と言って、それで終わりです。ところがドイツの友人は、「こらあ！」とは言わずに、「ヴァルーム（なぜそんなことをしているのか）？」と聞きます。

もっとびっくりするのは、子どもが立って自分はなぜこういうことをしたのかを、ものすごい屁理屈でちゃんと説明するのです。その説明を聞いてお父さんは、「おまえの言っているのは全然合理性がない」と言い合いをします。子どもは勝てっこありません。負けたところで、子どもは「ごめんなさい」と言って謝ります。

私は冷やかし半分に、「ドイツの子どもの教育は長引きますなあ。日本では『こらあ！』、『すみません』で終わりです」と言うと、ドイツ人の友人が真顔になって言いました。「河合、この国では、自分が下手をしていても、ともかく自分のことは自分で守ってみせるという態度を身につけなければ生きていけないんだよ」と言いました。すごいなと思いました。そういう教育、あるいは訓練といってもいいと思いますが、そういうことを小さいころからやっているのです。そういう訓練を受けて、個人が強くなって、個人主義になって、個人でものを言うようになっていくのですが、われわれはその逆だったのです。

われわれは、なるべくみんな一緒になって、みんなの中に隠れていて、お互いにうまく平和にやっていこうというやり方をしてきました。考えてみると、日本の場合も一種の訓練をしています。ドイツはともかく文句を言ってから頑張ろうという訓練でしたが、日本は辛抱して、うまく「すみません」と言ってから頑張ろうという訓練です。そこにはそれなりに訓練があったのですが、今の子どもたちを見ていると、どちらの訓練も受けていません。日本的訓練も、西洋的訓練も受けていない。そういう子が入ってきて文句を言ったときに、われわれはこの子たちにどう接したらいいのか。

人間関係を背景にした言葉

学校の先生や校長先生に今のような説明をすると、みなさん「ははーん」と理解されます。すると、「もう処置なしですわ」と言わなくなります。よし、ここで頑張ろう、そういう親とゆっくり話し合いをしよう、そういう親が来たらじっくり言いたいだけ言わせよう、ということになります。その代わりに、今まででだと相手が怒ったらすぐに「すみません」と言っていたけれど、こちらも言うだけ言って、西洋流でやっていこうというように変わります。

そういうことを、われわれはよく知っていなくてはなりません。「カウンセラーは何をしているのかわからない」と言われながら、現場で一生懸命いろいろやっているうちに役に立つことがわかればそれでよいのです。

実際に、たくさんのスクールカウンセラーが行くようになっているのは、現場の先生方が、カウンセラーが来てから変わったとか、よくなったとか、あるいはカウンセラーが来てから自分たちも生徒のことがよくわかるようになったと思っているからです。もう、「カウンセラーは何のためにいるのか」などということは、だれも言わなくなります。

ただし、そのときにわれわれがよほどの自覚をもつことが大事です。もう一つは、自分たちのわかっていることを、子どもにはどういう言葉で言ったらいいのか、校長先生にはどういう言葉で言ったらいいのか、先生にはどういう言葉で言ったらいいのか、人間関係を背景にした言葉を、われわれはよく考えねばならないということです。

ときどきありますが、子どもが電話をかけてきて、「先生、これが最後の電話です。もう死にますから、最後に先生にお礼を申し上げます」と言ってきたときに、こちらが言う言葉は、それこそ本当にいっぱいあります。「ちょっと待ってよ」と言ったほうがいいのか、「いや、せっかくの挨拶でしたな、じゃあ」とバーンと切ったほうがいいのか。僕は、そういうこともやったことはありますよ。しかしそれは、やはり関係の中で言っている言葉なのです。マニュアルを見たら「じゃあ」と言って電話を切る、と書いてあるからそう言う、というものではありません。自分はその人に何を伝えたいのか、何を伝えることができるのかということを、よく考えないといけない。つまり、「こころ」という言い方をすると、「こころの真実としての言葉」がある、と私は思うのです。だから、「最後の電話です」とかかってきたときに、「うーん」と言って何も言わずに黙って聞いている、これも一つの言葉です。その人には「そう」と言い、ある人には「じゃあ」と言う。それは、その関係の中で、それぞれの「こころの真実」というものをつかまねばならないということです。それができないと、われわれはカウンセラーではないと思うのです。

こころの真実を伝える言葉を使う

みなさん、中学生や小学生、それから高校生と話をするときに、どんな言葉を使っておられますか。私は標準語ができないのですが、はじめはだいたい私のできるかぎりの標準語でやっています。中学生が入ってきても、「こんにちは、河合です。どうぞお掛けください」という言い方をしていいます。やっていて、だんだん仲よくなってきたら、そのときは仲よくなったときに言う言葉で、「おまえ、何考えてるんや」となるけれど、それはそういう関係になってからのことです。

カウンセラーとクライエントはこころが近づいて親しくなるのだから、初めて来たときから、「まあ座れよ」と言ってもよいのではと思うかもしれませんが、私は絶対にそういう言い方をしません。はじめは一人の人間対人間として会っているのだから、どんな子どもにも丁寧に標準語で話していいます。

それを崩せないままでやる人はいます。いつそれを崩すかは、とても大事です。「あなたもそうお考えですか」と言うのと、「おまえ、そんなこと考えてるのか」と言うのとでは全然違います。英語にするとほとんど同じかもしれませんが。そういう生きた言葉、こころの真実を伝える言葉を使うことができる、それがカウンセラーであると思うのです。

現象の背景にある文化を考える

「文化」を考えるとき、日本の文化は今ものすごく揺れて変わりつつあります。その揺れて変わりつつある中に、学校のもつ文化があります。その学校の中に、また学級のもつ文化のようなものがあります。とにかく音楽のできる子は偉いとか、スポーツのできる子が英雄のようになっているとか、それぞれの学校に特有な文化があります。そういう文化の中で、そういう背景の中で話をしなくてはならないということも考えねばなりません。

一つ典型的な例を述べます。中学生ですが、プライバシーがありますからそれ以上は言いません。男性ですが、自分は女性だと信じ、女性として生きたいと思っている子です。あるいは、女性だけれども自分は絶対に男性であって、男性として生きたいと思っている、そういう子がこのごろ出てきました。

女性ですが、できるだけ男性に近い服を着て、「俺が」とか「僕が」とか言いたがっているような子がいます。それが嵩じて「性の転換までしたい」というようなことを言いだしたりします。

そういう少し普通と違うことが起こると、学校の先生のなかにはカルチャーや文化に関心が深くて、そういう話を聞くだけでひどく感激して喜ぶ人がいます。「そりゃそうだ。生まれつきがいいとはかぎらない。これまで女だと思われていたって、これから男になるというのは支持すべきだ」と言う人がいます。一方、「いやなことを言うなあ。いやらしい話だなあ」と、何がいやらしいのか知りませんけれど、勝手にいやらしがって、「そんないやらしい話は放っておけ」と言う先生が出てきます。こうして意見が割れて、学校が二分されるようなことも起こります。

そのときに、われわれカウンセラーはやはり、そういうことの背景に動いている文化的なものに目を向けなければならない。男と女を分けるのは絶対的秩序だという、この考えはわかりやすいので神話にもよく出てきます。この考え方の人は、男と女は分かれていて、男は男らしく、女は女らしくということによって、世界の秩序は保たれているのだと思っています。だからその境界が曖昧になるだけで、もう腹が立って仕方がないという人もいます。一方の人は、その逆で、みんな秩序とかルールとか言っているけれど、秩序やルールを変えてこそ社会は進歩するのだと思い込んでいる人もいます。そういう人たちは、何かが少しでも変わるだけでうれしくて仕方がないのです。

だから、一人の生徒が男性から女性に変わるとか、女性から男性に変わるというだけの話ではなくて、その人の人生観や世界観がその後ろにあることを考えねばなりません。しかし、ふだんわれわれは、表面上はそういうことには触れずにいるのです。

そういうとき、カウンセラーにとって何より大事なのは、今、性転換をしたいと願っているその子の人生とは何か、その子の幸福とはどういうことかを考えることです。それがわれわれの役割です。転換すべきであるとか、すべきでないとかではなくて、その子本人の幸福ということをとことん考えるのです。

カウンセラーがどっしりと落ち着いて、その子の幸福ということを考えながら先生方に接すると、先生方もだんだんわかってこられます。はじめはむきになって言い合いをしていますが、お互いに言い合いをしているうちに、自分たちがその子の幸福を放っておいて、自分たちの人生観で喧嘩をしていることにしだいに気づいて、やがて落ち着いてきます。そして、その子の生き方ということに収斂していきます。

そういうときにカウンセラーは、単に性転換するとかしないとか、あの先生はなんでそんなに怒るんだろうとかいうのではなくて、いったいどういうことが起こっているのかを考える。そこに特有の文化的な現象というか、潮流があって、その間に個人がいるということを把握して、対処していかねばならないのです。

われわれカウンセラーは、常に個人の人生や生き方に焦点を当てて考えています。そのことを忘れて、何かスローガンのようなものをもってやってはならないのだ、ということを常に考えている必要があると思います。

日本語でカウンセリング

「こころ、言葉、文化」ということで、もう一つわれわれが肝に銘じておかねばならないのは、われわれはあくまでも〝日本語〟でカウンセリングをしているということです。「スクールカウンセリング」というのは、外国の言葉です。わざわざ外国の言葉を使っているのです。みなさんよくご存知のように、カウンセリングという考え方そのものは欧米の文化から出てきたもので、日本にはなかったものです。われわれはそういう欧米の考え方を取り入れながらやろうとしているのです。

そして今、「大事なのは個人です」と言っているのですが、少し前の日本では、そもそも大事なものは個人ではなく、家、あるいは国でした。そういうこれまでの文化を変えて、個人を大事にしようということで、われわれは学校へ入っていっているわけです。だからこそ、わざわざ「スクールカウンセリング」というカタカナ語を使っているのです。

しかし、われわれは日本語でカウンセリングしているのであって、英語でやっているわけではありません。そして、私がよく感じるのは、日本語の主語（一人称や二人称）の使い方が、いかに微妙で難しいかということです。

われわれがカウンセリングをやりはじめた最初のころ、ロジャーズのやり方が気に入って、彼の本を読み、本に書いてあるとおりにやろうとしました。ロジャーズの言っていることはとても簡単なのです。クライエントが、“I feel ——”（私は——と思う）と言うのに対して、「いつからですか?」とか「それは何を考えているんですか?」などと言わないで、そのとおり受け入れなさいというのです。だから、IをYouに変えたらいいだけです。Heに変えたりSheに変えたりするとややこしくなるので、Youに変えて“You feel”にすればいいのです。

私はロジャーズの本を読んで「全部、“You feel ——”でやっているんだ。いいなあ。われわれもこれでやろう」と思い、実際にやりだしました。クライエントが来て、「私、お父さん、嫌いなんですよ」と言ったら、「あなたは、お父さんが嫌いなんですね」とやってみた。ところが、どう言えばいいのか、何かおかしいのです。そこで、われわれのなかの知恵のある人が、「あなたとしては」という言い方を発見しまして、嘘みたいですが、われわれは実際にそれを使いました。クライエントが「私、お父さん、嫌いなんですよ」と言ったら、「あなたとしては、お父さんを嫌いと思っておられるんですね」とやっていたのです。

そのとき、「あなたとしては」などと言わずに、「お父さんが嫌い」と言えば、「へえー、嫌いですか」と言えばいいのではないかと考えると思います。ところが、そういうふうに言うとどういうことが起こるかといいますと、「私、父が嫌いなんです」と言われて、「ああ、嫌いですか」と応じると、「そうでしょう。先生もそう思われるでしょう」となるのです。「いや、私はそういうふうに考えていません。あなたとしては、そうお考えなのですかということです」と言わねばならない。

しかし、そういうふうに言っていると、今度はクライエントが怒りだすのです。『あなたとしては』ばかり言わないで、先生は何を考えているのか言ってください」と言われて困ってしまう。今振り返ってみると笑い話のようです。

けれど、そういうことをやっているときに、ああ、英語というのは、IやYouを、うまく使っているなあと思いました。けれども、日本語の場合は、IやYouを区別しないことを大事にしながら来たカルチャーです。話をしていても、「あなたとしては」とか、「私としては」とか言うと、どうしても「あなたたち、違うよ」という感じがあるのです。だから、日本語では主語抜きで話をすることが多くなります。

そういう言葉を使って、個人を大事にしながら話し合いすることを考えると、私はクライエントと話をしていて、日本語の難しさというものを改めて感じてしまいます。たとえば、前に挙げた例で言いますと、「お父さんが嫌いだ」と言うときに、「うーん、嫌い、嫌い」という返事をしたりします。それで、「先生も嫌いですか」と切りかえされたりしたら、〝日本語は難しいなあ〟と思うのではなくて、〝クライエントに私がお父さんを嫌いだと思っているように思わせる関係を、私がつくったのだな〟と考えます。そこで、この関係をどうするか、その次にどう言うかというように考えて、表現を変えていくのです。そうしますと、やりとりは本当に難しいのですが、逆にまた面白いとも思います

こういう面白さを、もう少しアメリカ人にもわかってほしいなと思うときがありますが、これを英語で表現するのはなかなか難しいので困っています。言葉の文化としては、われわれ日本人は二人寄るとすぐに、あまりお互いを区別せずに一緒に考えたり、たくさん集まったら集まったで、そ

こでもまたみんな一緒にやりましょうというのを大事にしてきました。しかし、これもやはり今、個人を大事にしようという文化に変わりつつあります。

下手をすると、個人主義だと言いながら、完全な利己主義になったり、完全な他罰主義に陥ったりする人がいますので、われわれはどういう言葉を使いながらカウンセリングをするのかということを、常によく考えなければならないと思います。

残念ながら時間になりましたので、このぐらいで話を終わらせていただきます。どうもありがとうございました。


（第一一回学校臨床心理士全国研修会講演、二〇〇六）

『河合隼雄のスクールカウンセリング講演録』公刊に寄せて

大塚義孝

学校臨床心理士（スクールカウンセラー）の全国研修会が今年（二〇〇八）もこの八月に名古屋で開かれることになっている。

この全国研修会には必ずといっていいくらいに、臨床心理士の養成と組織化・発展のために象徴的な役割を果たしておられた河合隼雄先生が記念講演をされていた。亡くなられる平成一九年七月の一年前（二〇〇六）の講演が最後であったから、全部で一一回は登壇していただいていることになる。

今回の第13回全国研修会に寄せて、このメインのプログラムでもあった河合隼雄記念講演を可能な限り再録して、書籍の形で残そうという仕儀になったと伺っている。

河合先生はスクールカウンセラー活動をどのように考えられ、どのように有効化しようとされたか……。その年度ごとの単なるトピックスの講演化ではなく、ある意味で臨床心理士の実践の場が、学校教育組織の展開の中にその核心があったようにも窺わせる、読者にとって実に含蓄のある発言集といってもよいのが、今回の講話集といえそうである。

と、申して筆者は個々の講演の解説をするほど多才でもない。いわんや編者の依頼方針も、そんなところにあるわけでもなさそうである。河合先生と四〇年以上ご一緒に臨床心理士誕生への苦労と、その育成に腐心した数々の歩みを想起しながら、お役を果たしたいと思う。しかし、単なる偲ぶ会の発言ではない。

スクールカウンセリング事業の厳しい現実にどう資すべきか。河合記念論集から半歩でも未来に開かれる契機の一助を求めての記載となることを願っている。

いささか舞台裏めいた話になるが、河合先生の慣例のこの記念講演は、主催者である三団体（日本心理臨床学会・財団法人日本臨床心理士資格認定協会・日本臨床心理士会）の執行部によりお願いした「テーマ」について講演をしていただくことになっていた。

今回上梓された記念論集の発言状況から、言わずもがなのところもあるが、スクールカウンセリングないしスクールカウンセラーについて、毎年、しかもその一年間に、同じような「テーマ」について講演依頼のある立場におられたご当人にとって、三団体の代表（村山正治）が直接、当該年度の「テーマ」を具体的にお願いして引き受けていただくことになっていた。臨床心理士の専門業務に限らず、国の文部行政の中枢にあって多忙を極めておられた最晩年（二〇〇三〜二〇〇七）は、ことのほか依頼テーマの提供が、ご自身をふと我に返らせる契機を与えるようで、万難を排して引き受けられた。いささかも手抜きのない、〝テーマ〟ごとに内在する問題点を的確におさえられ、河合流のウィットに富んだ語らいは、十分に聴衆を納得させ、明日への勇気と活力を与えたものである。

草創期にみるスクールカウンセラー――その体制づくりと発展への鼓動

今日の臨床心理士の社会化された具体像は、本書のメイン・テーマ〝スクールカウンセラー〟によって決定的なものとなったことは周知のとおりである。臨床心理士の資格認定業務を進める専門機関、日本臨床心理士資格認定協会の公共性を担保するために、昭和六三（一九八八）年三月当時、日本心理臨床学会・日本行動療法学会など一六種の関連学術研究団体（いわゆる学会）の賛同を得て設立され、二年後の平成二年八月には文部省（現・文部科学省）の認承する財団法人格を有するようになった。この財団を代表する会頭には、元・文部事務次官の木田宏氏（一九二二～二〇〇五）をお迎えした。臨床心理士の実質的な内容と役割はおのずと文部省の承知するところとなり、従来から〝臨床〟という、ともすると医療領域で親しまれている厚生省（現・厚生労働省）を、その所轄庁と想定されがちであったものが、われわれへの応援の状況が微妙に変わってきたものである。木田会頭の厳正中立、古武士的ともいえる品格をそなえられた指導力は、ものの道理の進む流れのように、文部省関係者に臨床心理士の国家的活用に資する諸準備を促進させたようである。

愛知県西尾市の公立中学校で、〝いじめ〟にあった生徒の不幸な自殺事件（一九九四年一二月）に対応する学校現場の糾弾を追及する国会答弁で、時の文部大臣与謝野馨氏から、平成七（一九九五）年四月より「スクールカウンセラー活用調査研究委託事業」を開始するとの発言があった。

その意味の詳細が判明するのは少し後になってであるが、この計画が、われわれの認定協会が認証する臨床心理士を中心とするものであっただけに、その対応の構築が急がれた。今日の三団体の、いわゆるスクールカウンセラー活用のためのワーキンググループの第一回の委員会が開かれたのも、与謝野発言後の三日目にあたる平成六（一九九四）年一二月一一日であった。このことと前後するが、その年の三カ月前の九月二五日（一九九四）、第13回日本心理臨床学会が筆者の担当で、京都女子大学を会場に三〇〇〇人近くの参加者を得て開催されている。とくに、メインとなった学会企画シンポジウムで学会会長の故村瀬孝雄教授（学習院大学、一九三〇〜一九九八）の司会のもと、河合隼雄・小此木啓吾・東山紘久の三先生方と文部省高等教育局担当草原克豪審議官をシンポジストに、加えて村山正治（九州大学）・滝口俊子（立教女学院短大）の両先生が資科提供者として指定され、臨床心理士の養成と訓練と題して討論が行われている。この催しは、当時の村瀬学会長や河合隼雄前学会長のすすめが具体化し、今日のスクールカウンセラー事業のワーキンググループ誕生の素地をつくったことは忘れることができない。村山正治先生を委員長として、一五年に及ぶスクールカウンセラー事業の発展経過をたどってきたのである。

村山正治先生を〝ミスター・スクールカウンセラー〟と呼ばしめた由来である。しかし河合隼雄先生が、いみじくもこのスクールカウンセラー事業の草創に際して、「学校臨床心理士の意味するもの」との演題に寄せて、日本の世界に冠たる児童・生徒教育の破綻の危機に、いわゆる教育関係者によってのみ構築されてきた学校に、異分子ともみなされる臨床心理士をスクールカウンセラーとして注入したことを、あるＮＨＫのディレクターの発言に注目し、これを〝日本の教育の国際化の始まり〟と考えられること。明治の始まりの近代化を〝黒船の到来〟と呼んだように、スクールカウンセラーの到来は〝平成の黒船〟であると言われた。明年（二〇〇八）から実施される英語教育を言っているのではない。子ども一人ひとりの、「こころ」の個別性を尊重したかかわり姿勢というものを、学校場面でも考えてみようということが、学校にとっての黒船なのである。

筆者が臨床心理士の原理としてつとに強調しているのは、人が人にかかわり人に影響を与える専門家は、医師であり、教師であり、臨床心理士であり、宗教家（神父……）であるということである。しかし、医師は患者の悪いところを治癒させる（元の状態にもどす）ことを旨としている。教師は、教育目標に向かって児童・生徒を変化させることを旨としている。九九をきらいだと言う個の疑似尊重（わがまま）を許さない。教師は、何としてでも子どもに九九を教えてやってこそ教師なのである。神父さんやお坊様は、悩める人を何とかして神や仏の世界に誘うことをもって旨としている。

カウンセリング、つまり心理臨床実践の基本的な心的態度のエッセンスが個の尊重にある。このことを学校場面で活用するところに、今日の臨床心理士の有用性があるとの強い認識といえよう。

河合先生が臨床心理士の社会化に向けて、その国家的所管組織をめぐり『大塚さん、文部省に……』とつぶやかれたのは一八年以上も古い昔の話である。あとの一八年間は、ひたすら厚生省との話し合いの前面に立って奮闘される……休む暇もなかった。こころを病む患者さんは、教育対象とする児童・生徒とは異なり、その出発点は対象化された近代科学の『物質の異常』に収斂するだけに、案外話は明解にみえた。しかし、医療制度の一二〇年の歴史と二〇年たらずの心理臨床制度の格差は、埋まりそうで埋まりきらない苦節が続いている。教師の免許かき換え制度は、臨床心理士の五年ごとの免許かき換え制度をモデルにされたとは言わないが、平成二〇年度から一〇年ごとの更新制度が実施されることになったという。医師は、免許を取得すれば死ぬまでそのままである……。

公共化されたスクールカウンセラーの近未来像

一五四校の公立中学校に一三六名の臨床心理士が任用される調査研究事業の出発（一九九五）から、平成一三（二〇〇一）年度よりの国庫補助事業½による五カ年計画に基づく全国一万校公立中学校臨床心理士派遣事業を経て、現在（二〇〇八）は、教師の国庫負担金三兆円の½から⅓に削減させての厳しい状況も加わり、スクールカウンセラー事業も⅓国庫負担削減騒動である。加えて平成二〇年度からは、スクール・ソーシャルワーカーの学校現場への投入が、調査研究事業への試みとして始まろうとしている。

この三月から四月にかけて、スクールカウンセラー担当部局である文部科学省初等中等教育局の児童生徒課の幹部の方々からの相談アポイントメントは、いささか尋常を欠くうらみなしとしなかった。一三年前の同じ部局のみなさん方の、臨床心理士の活用に寄せられる草創への発言状況を想起するにつけ、その雰囲気がこうも異なるものか……と思うことしきりである。けだし偉大な事業の創出期と、厳しい国家財政からの縮小均衡を求められる今日の実状のもたらす姿なのか……。考えさせられる。

もとより、親方日の丸式の安閑としているいわれは何処にもない。文部科学省の関係者の方々の努力をさらに期待するとともに、われわれ自身の固有な専門業務の精錬化に努めることの重要性を、改めて自覚することこそ大切である。とりわけ学校臨床心理士として、その専門業務として特化している第三の柱としての臨床心理的地域援助活動にみる、さまざまの学校業務にかかわる他の専門家とのコラボレイトを図ることは大切である。リエゾン機能を如何に発揮するかにある。

河合先生もこの講演記録集のどこかで言っておられるはずである。狂言界の重鎮、茂山千作氏との対談で、狂言以外の世界とクロスオーバーすることによって、どれほど狂言の発展していく基礎ができ、お互いがお互いの肥になったことかという話である。リエゾン機能とは、それぞれの専門家の技能が融合することである。味覚の『とろみ』醸成をさす。クロスオーバーとは、二種以上の分野の営み（芸）が交流し、新しいものを生みだす姿である。

もう一つ強調しておきたい。臨床心理士の専門業務にみる個々の独自性を確実に伝えることのできる研究手法の創出と、その明確な研究成果の報告（公開）についてである。認定協会は、本年度、二〇周年記念事業の一環として二〇〇〇万円の研究助成事業を始めることになった。ことに平成二〇年度は、スクールカウンセリングに関する研究テーマを公募することにしている。いじめ自殺が何パーセント減少したというデータが、どれだけ学校臨床心理士の成果を担保するものかどうか……。こころの問題に、個別的なデータの集績がどう正しく評価できるのか、物質科学ではない、文字どおり人間科学の成果を求める助成研究事業である。みなさんの応募を切に期待している。

文献

(1)学校臨床心理士ワーキンググループ編・発行「スクールカウンセラーの活動と展開」一九九七、(財)日本学会事務センター気付

(2)大塚義孝「学校臨床心理士(スクールカウンセラー)十一年の歩みから未来に向けて」村山正治、滝口俊子編『事例に学ぶスクールカウンセリングの実際』二八〇〜二九〇頁　創元社　二〇〇七

資料　学校臨床心理士研修会実績

第1回　〔日程〕1996年7月27～28日　〔会場〕京都文教大学

〔実行委員長〕小川捷之　〔参加者数〕258名

講演、シンポジウムなど

■レクチャーセッション

大塚義孝「文部省スクールカウンセラー調査研究委託事業*と臨床心理士」（*正式には、「文部省スクールカウンセラー活用調査研究委託事業」）

村山正治「学校臨床心理士のアンケートにみる事業の現状と課題」

鵜養美昭「学校臨床心理士の業務・活動方針について」

川上範夫「学校臨床心理士の専門性」

■公開研修会

木田宏「学校臨床心理士への期待」

加茂川幸夫（中学校課長）「教育改革の動向とスクールカウンセリング事実」

河合隼雄「学校臨床心理士（スクールカウンセラー）の意味するもの」

分科会

小学校担当者グループ（ファシリテーター：東山紘久）

中学校担当者グループ（ファシリテーター：川上範夫）

中学校担当者グループ（ファシリテーター：鵜養美昭）

中学校担当者グループ（ファシリテーター：福田憲明）

高校担当者グループ（ファシリテーター：村山正治）

■全体ディスカッション

司会：小川捷之、村山正治、川上範夫

総括：河合隼雄

第2回 〔日程〕1997年4月19～20日 〔会場〕昭和女子大学

〔実行委員長〕村山正治 〔参加者数〕459名

講演、シンポジウムなど

■講演

河合隼雄「スクールカウンセラーの意義」

村山正治「スクールカウンセラーの実際」

分科会

Aグループ（ファシリテーター：山本和郎）

Bグループ（ファシリテーター：福田憲明）

第3回 〔日程〕1998年5月30～31日 〔会場〕国立教育会館

〔実行委員長〕村山正治 〔参加者数〕757名

講演、シンポジウムなど

■開会挨拶 村山正治

■来賓挨拶 河村潤子（中学校課長）

■講義

大塚義孝、鵜養美昭「文部省スクールカウンセラー活用調査研究委託*の概要と現実的課題」（＊正式には、「文部省スクールカウンセラー活用調査研究委託事業」）

■講演

河合隼雄「教育改革と臨床心理士」

氷海正行「学校臨床心理士への期待――生徒指導の体験から」

分科会

■予定者コース・シンポジウム

シンポジスト：馬殿禮子、本間友巳、坂上頼子

司会：鵜養啓子

■予定者コース・実践事例

司会：倉光修、鵜養啓子

■経験者コース

小学校（座長：飯島澄子、金城孝次、大西俊江／司会：福田憲明）

中学校①（座長：鵜養美昭、瀧本百美、平松清志／司会：藤岡孝志）
中学校②（座長：橋本敞、藤岡孝志、村山正治／司会：村山正治）
中学校③（座長：藤田悠紀子、木場清子、馬殿禮子／司会：馬殿禮子）
高校（座長：森川澄男、宮田敬一、岡本淳子／司会：宮田敬一）

第4回　〔日程〕1999年8月9〜10日　〔会場〕大阪国際交流センター、アウィーナ大阪

〔実行委員長〕倉光修　〔参加者数〕1006名

講演、シンポジウムなど

■開会挨拶　倉光修
■講演にあたって　大塚義孝
■講演
徳久治彦（中学校課長）「学校教育の課題とスクールカウンセラー」
河合隼雄「日本文化とスクールカウンセラー制度」
■シンポジウム「スクールカウンセラーと教師の連携」
シンポジスト：東尾登志子、山本新一、藤原里美、木佐貫正博、東山弘子、岩宮恵子、良原恵子
司会：梶谷健二、倉光修

分科会

事例発表形式（3セッションに分けて34事例）

第5回　〔日程〕2000年8月6〜7日　〔会場〕名古屋国際会議場

〔実行委員長〕田畑治　〔参加者数〕878名

講演、シンポジウムなど

■開会挨拶　田畑治
■主催者挨拶　鑪幹八郎、大塚義孝、乾吉佑
■講演
徳久治彦「21世紀の学校とスクールカウンセラー」
河合隼雄「揺れる学校とスクールカウンセラー」
■シンポジウム「揺れる学校とスクールカウンセラー——全国調査結果とその課題」
シンポジスト：伊藤美奈子、今井五郎、小林由美子、水野康樹、鵜養美昭
司会：江口昇勇、田畑治

分科会

事例発表形式（2セッションに分けて41事例）

第6回　〔日程〕2001年8月5～6日　〔会場〕日比谷公会堂、上智大学

〔実行委員長〕鵜養美昭　〔参加者数〕1029名

講演、シンポジウムなど

■開会挨拶　鵜養美昭
■主催者挨拶　大塚義孝、乾吉佑、片岡玲子
■講演
　徳久治彦「制度の意義について」
　河合隼雄「教育の時間―心の時間」
■シンポジウム「学校臨床心理士の役割と学校組織」
　シンポジスト：
　村山正治（制度化の持つ意味）
　梶谷健二（コーディネーターの存在意義）
　鵜養啓子（学校組織と学校臨床心理士）
　本間友巳（保護者アンケートの結果）
　司会：滝口俊子、福田憲明

分科会

■初任者コース（村山正治、宮田敬一）
■経験者コース
　コーディネーター業務（梶谷健二）
　非行臨床（鵜養美昭）
　校内教員研修（鵜養啓子、田畑治）
　発達障害（鶴光代）
　虐待・校内対応と連携（伊藤美奈子）
　危機介入（山本和郎）
　学校状況のアセスメント（福田憲明）
　スクールカウンセラーのサポート――養成・訓練・助言（倉光修）
　いじめ（本間友巳）

不登校（滝口俊子）

第7回　〔日程〕２００２年８月10～11日　〔会場〕仙台国際センター、東北大学

〔実行委員長〕長谷川啓三　〔参加者数〕６２８名

講演、シンポジウムなど

■開会挨拶　長谷川啓三

■主催者挨拶　大塚義孝、乾吉佑、村山正治

■講演

尾崎春樹（児童生徒課長）「スクールカウンセラー事業の現状と課題」

河合隼雄「日本の学校と文化」

■シンポジウム「学校臨床心理士のサポートシステムのあり方について――スーパーヴィジョンの方法も含めて」

シンポジスト：

梶谷健二（学校臨床心理士とコーディネーター）

倉光修（スクールカウンセリングにおけるスーパーヴィジョンの特殊性）

福田憲明（相互サポートシステムとしての研究会活動）

鵜養美昭（学校とのつきあい方をスーパーヴァイズする）

司会：村山正治、長谷川啓三

分科会

■初任者コース（村山正治、梶谷健二、鵜養啓子、東山弘子、馬殿禮子、林幹男、小川幸男、藪添隆一、高橋功、福田憲明、宇田川一夫、高橋総子）

■各論別研修

非行臨床（菊池武剋、山入端津由）

養護教諭ならびに外部機関との連携（伊藤美奈子）

学校システムにブリーフに介入する（長谷川啓三、若島孔文）

アセスメントの生かし方（鵜養美昭、藤田悠紀子）

スクールカウンセラーとして家族に関わる方法（宮田敬一、佐藤静）

学校での教師やＰＴＡに対する研修・啓発活動のあり方（山本和郎）

スクールカウンセラーとして性教育、ＨＩＶ／エイズ教育に関わる（鶴光代）

虐待（田畑治）

不登校、ひきこもり（本間友巳）

いじめ、いじめられ（滝口俊子）
発達障害（倉光修）

第8回　〔日程〕２００３年８月９～10日　〔会場〕神戸ポートピアホール、神戸国際会議場

〔実行委員長〕馬殿禮子　〔参加者数〕１３４８名

講演、シンポジウムなど

■開会挨拶　杉村省吾、大塚義孝、乾吉佑、村山正治
■講演
尾崎春樹（児童生徒課長）「平成15年度スクールカウンセラー配置状況、活動とその課題」
河合隼雄「個と集団」
■シンポジウム「個と集団のみたてとてだて」
シンポジスト：氏原寛、鵜養美昭、徳田仁子、杉村省吾
司会：野島一彦、伊藤美奈子

分科会

■初任者コース・全大会「学校教育とＳＣ」（梶谷健二、本間友巳、谷口正己、藪添隆一、高木公人）
■初任者コース・分科会
外部関係機関の機能と連携（羽下大信）
学校におけるアセスメントの生かし方（福田憲明）
グループワークの活用（冨永良喜、本多修）
研修会の持ち方（山本和郎、伊藤美奈子、岡本淳子）
学校組織とＳＣ（本間友巳）
学校コンサルテーション（宮田敬一、津川秀夫）
■経験者コース
不登校問題とＳＣ（東山弘子、北村圭三）
非行の問題とＳＣ（倉光修、齋藤文夫）
発達障害へのアプローチ（鶴光代）
性にかかわる問題とＳＣ（鵜養啓子）
虐待・被害者支援（田畑治、高木忠彦）
ＳＣのＳＶのあり方（滝口俊子、今塩屋登喜子）
震災とスクールカウンセラー（森茂起、堀口節子）

■経験者コース・全大会「危機介入的支援」（高橋哲、村山正治、馬殿禮子）

第9回　〔日程〕2004年8月7～8日　〔会場〕昭和女子大学

〔実行委員長〕鵜養啓子　〔参加者数〕1495名

講演、シンポジウムなど

■開会挨拶　大塚義孝、乾吉佑、滝口俊子

■講演

坪田眞明（児童生徒課長）「スクールカウンセラー事業の現状と課題」

河合隼雄「躾けることと育つこと」

■ミニレクチャー

村山正治「日本の心理臨床とスクールカウンセリング（歴史的展開）」

鵜養啓子「学校教育の制度とそれにまつわる法律」

倉光修「カウンセリングとコンサルテーション」

馬殿禮子「学校臨床心理士の倫理」

総合司会：鶴光代

分科会

■新任者コース・講義「スクールカウンセリングの基本」

資格取得直後でSC（梶谷健二、鵜養美昭）

経験あるがSCはじめて（村山正治、本間友巳）

■経験者コース・スーパーヴィジョン

非行（田畑治）

虐待（東山弘子）

発達障害児へのアプローチ（倉光修）

不登校（山下一夫）

性にかかわる問題とSC（馬殿禮子）

研修会の展開（鶴光代）

心の教育（滝口俊子）

他の専門家との連携（福田憲明）

「学校の危機」への緊急支援（窪田由紀）

学校コンサルテーション（長谷川啓三）

第10回 〔日程〕２００５年８月６〜７日 〔会場〕ホテルニューオータニ博多、九州産業大学

〔実行委員長〕窪田由紀 〔参加者数〕１０８１名

講演、シンポジウムなど

■開会挨拶 大塚義孝、乾吉佑、滝口俊子

■講演

坪田眞明（児童生徒課長）「スクールカウンセラー事業の現状と課題」

河合隼雄「学校という場における関係性をめぐって——全体を見る・関わる・つなぐ」

■シンポジウム「学校臨床心理士の過去、現在、そしてこれから——さまざまな関係性を見立て・繋いできたコーディネーターの立場から」

シンポジスト：福田憲明、吉井健治、林幹男

指定討論者：梶谷健二、鵜養啓子

司会：村山正治

分科会

■新任者コース・講義「スクールカウンセリングの基本」

資格取得直後でＳＣ（梶谷健二、鵜養啓子、長谷川啓三）

経験あるがＳＣはじめて（田畑治、山下一夫、本間友巳）

■経験者コース・講義

発達障害（篁倫子、鶴光代）

不登校１（馬殿禮子）

不登校２（倉光修）

非行・虐待（安部計彦）

学校とどうつきあうか（鵜養美昭）

緊急支援（浦田英範、向笠章子）

保育カウンセリング（滝口俊子、菅野信夫）

第11回 〔日程〕２００６年８月５〜６日 〔会場〕ウェスティン都ホテル京都、龍谷大学

〔実行委員長〕小林哲郎 〔参加者数〕１５２１名

講演、シンポジウムなど

■開会挨拶 大塚義孝、乾吉佑、滝口俊子、石附敦

■講演
河合隼雄「こころ、ことば、文化」
木岡保雅（児童生徒課長）「スクールカウンセラー事業の現状と課題」
■講義
本間友巳「スクールカウンセリングの新たな10年に向けて――その現状と課題と展望」
シンポジウム「拡大・深化するスクールカウンセリング」
シンポジスト：滝口俊子、西井恵子、三澤文紀、北口雄一
指定討論者：藤原勝紀
司会：倉光修

分科会

■新任者コース・講義「スクールカウンセリングの基本」
資格取得直後でSC（梶谷健二、山下一夫）
経験あるがSCはじめて（鵜養啓子、吉井健治）
■経験者コース・講義
発達障害1（鶴光代、徳永豊）
発達障害2（伊藤良子、徳永豊）
不登校1（馬殿禮子）
不登校2（本間友巳）
不登校3（倉光修）
非行・虐待1（長谷川啓三、久保順也、三谷聖也）
非行・虐待2（東山弘子、橋本和明）
教員研修（鵜養美昭）
学校現場で行うグループワーク（村山正治、福田憲明）
「学校コミュニティの危機」への緊急支援（窪田由紀、向笠章子）
保育カウンセリング（滝口俊子、高木美弦）

第12回　〔日程〕2007年8月25～26日　〔会場〕大阪国際会議場、リーガロイヤルNBC

〔実行委員長〕西井克泰　〔参加者数〕1602名

講演、シンポジウムなど

■開会挨拶　大塚義孝、乾吉佑、鶴光代、村山正治、梶谷健二

■講演
梶田叡一「学校におけるスクールカウンセラーの位置と役割」
木岡保雅（児童生徒課長）「スクールカウンセラー事業の現状と課題」
■シンポジウム「スクールカウンセラーに期待されるもの――教育全体を視野に入れて」
シンポジスト：門川大作、竹島園枝、野口克海、若林彰
指定討論者：倉光修
司会：滝口俊子

分科会

■新任者コース
資格取得直後でSC（石川悦子、杉原紗千子、村山寛、今塩屋登喜子、梶谷健二、巽美文）
経験あるがSCはじめて（鵜養啓子、前田由紀子）
■経験者コース
発達障害（鶴光代、緒方登士雄、黒澤礼子）
不登校（馬殿禮子、倉光修）
いじめ（岡本淳子、本間友巳）
非行（東山弘子、橋本和明）
虐待（増沢高、金岡洋子）
教員コンサルテーション（山下一夫、小坂浩嗣）
保護者カウンセリング（田畑治、定森恭司）
グループワーク（村山正治、福田憲明）
緊急支援（窪田由紀、山田幸代）
葛藤解決（鵜養美昭、植山起佐子）
保育と学校教育の連携（滝口俊子、坂上頼子、高木美弦）

あとがき

滝口俊子

河合隼雄先生による学校臨床心理士（スクールカウンセラー）全国研修会でのご講演録が、今、閉じられようとしています。

その時々の、河合先生の力強いお声が、よみがえってまいります。豊かな学識とユーモアを込めて、熱く語りかけてくださいました。

最後のご講演となってしまった回、河合先生の左手の薬指に金色の指輪が輝いていました。結婚指輪をはめられたことを不思議に感じておりましたら、間もなく、脳梗塞を発症されました。

それまで超ご多用の日々でいらした先生と奥さまは、ご一緒の時間を過ごされました。

目を覚ましていただきたい！　との祈りは、ついに届きませんでした。

人間の意志を越えた摂理によるのでしょうか。

先生から学ばせていただきたいことが、まだまだありました。

河合先生が私たちに語りかけてくださった言葉の数々を、創元社の渡辺明美さんの真心を込めた作業によって出版が可能になりました。矢部敬一社長と渡辺明美編集部長に、感謝申し上げます。㈶日本臨床心理士資格認定協会の木村尚志さんをはじめ、お忙しいなか録音テープを探すのにご協力くださいました各回の実行委員の皆さまも、ありがとうございました。

また、先生のご講演の出版は、河合嘉代子夫人と河合俊雄先生のご理解とご協力なくしては叶いませんでした。こころから御礼申し上げます。

河合隼雄先生と同時代に心理臨床に携わることのできた私たちは、先生が教えてくださった数々を後に続く方々に伝え、さらなる発展に尽くしたいと想います。

先生は、クライエントを真に大切にする臨床心理士の育成に、全力で取り組み続けられました。河合隼雄先生のお導きに深謝し、本書を謹んでご霊前にお捧げいたします。

二〇〇八年　一周忌を前に

著者略歴

河合隼雄（かわいはやお）

一九二八年、兵庫県篠山市に生まれる。日本の臨床心理学のパイオニアであり、名実ともに第一人者。京都大学教育学博士。京都大学名誉教授。

一九五二年に京都大学理学部卒業後、高校の数学教諭、天理大学講師をへて、一九五九年にアメリカへ留学。さらに、一九六二年にスイスのユング研究所に留学し、日本人として初めてユング派分析家の資格を取得。一九六五年に帰国後、京都大学教育学部で臨床心理学を教えるかたわら、ユングの分析心理学を日本に紹介し、その発展に寄与。一九九二年、京都大学を退官。一九九五年、国際日本文化研究センター所長、二〇〇二年、第一六代文化庁長官に就任。

『ユング心理学入門』をはじめ、全一四巻におよぶ『河合隼雄著作集』など著訳書多数。なかでも『昔話と日本人の心』で第九回大佛次郎賞、『明恵 夢を生きる』で第一回新潮学芸賞を受賞。そのほか、一九九五年に紫綬褒章、翌一九九六年に日本放送協会放送文化賞、一九九八年に朝日賞、二〇〇〇年に文化功労者顕彰など、数々の受賞歴がある。

音楽をこよなく愛し、みずからもフルートを演奏するほか、質の高い室内楽の演奏会を日常生活の中に根づかせようと、特定非営利活動法人「文化創造」を設立し、専門的な文化ヴォランティアの育成をめざした。長年、臨床心理士の国家資格化のために全力をあげて取り組んだが、その実現を見ぬまま二〇〇七年七月一九日、逝去。享年、七九歳。

河合隼雄《かわいはやお》のスクールカウンセリング講演録《こうえんろく》

二〇〇八年　八　月二〇日　第一版第一刷発行
二〇一四年一一月一〇日　第一版第五刷発行

著　者　河合隼雄
編　者　学校臨床心理士ワーキンググループ
　　　　村山正治・滝口俊子
発行者　矢部敬一
発行所　株式会社　創元社
〈本　社〉〒五四一―〇〇四七
　　　　大阪市中央区淡路町四―三―六
　　　　電話（〇六）六二三一―九〇一〇㈹
〈東京支店〉〒一六二―〇八二五
　　　　東京都新宿区神楽坂四―三　煉瓦塔ビル
　　　　電話（〇三）三二六九―一〇五一㈹
〈ホームページ〉http://www.sogensha.co.jp/
印刷所　太洋社
乱丁・落丁本はお取り替えいたします。
©2008 Hayao Kawai, Printed in Japan
ISBN978-4-422-11409-5 C1011

JCOPY〈(社)出版者著作権管理機構 委託出版物〉
本書の無断複写は著作権法上での例外を除き禁じられています。
複写される場合は、そのつど事前に、(社)出版者著作権管理機構
(電話 03-3513-6969、FAX 03-3513-6979、e-mail:info@jcopy.or.jp)
の許諾を得てください。